投資台灣 笑傲全球

Investing Taiwan on top of the world

愷特 KAID TSAI◆著

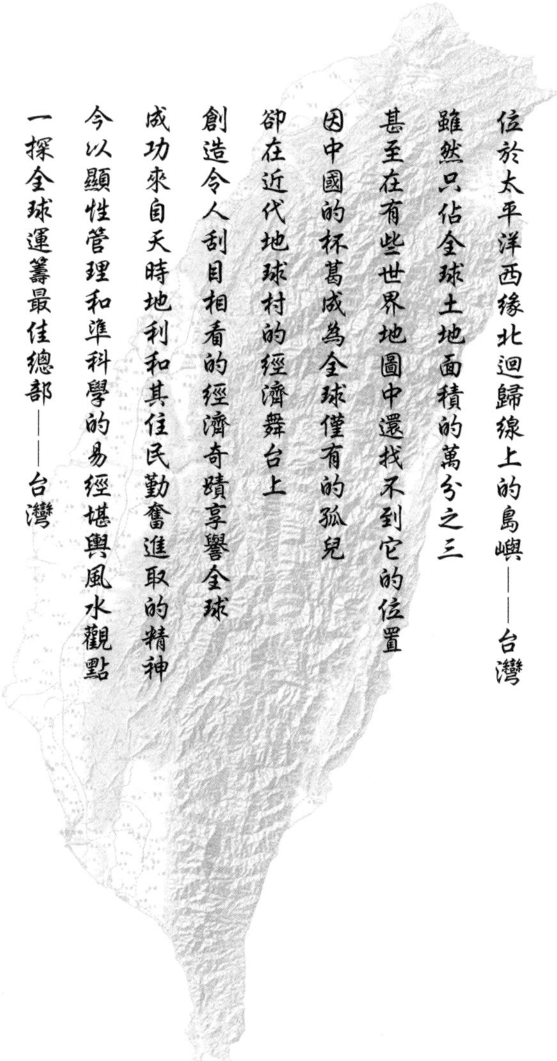

位於太平洋西緣北迴歸線上的島嶼——台灣
雖然只佔全球土地面積的萬分之三
甚至在有些世界地圖中還找不到它的位置
因中國的杯葛成為全球僅有的孤兒
卻在近代地球村的經濟舞台上
創造令人刮目相看的經濟奇蹟享譽全球
成功來自天時地利和其住民勤奮進取的精神
今以顯性管理和準科學的易經堪輿風水觀點
一探全球運籌最佳總部——台灣

【推薦一】

國際道家學術基金會董事長、哲學博士 李亨利

《易經》繫辭說：「易之爲書也，廣大悉備，有天道焉，有人道焉，有地道焉，兼三才而兩之」，是說其上有一無形有質上位概念之「道」，爲道家宇宙觀推出的哲學，進一步發展爲以天統人，天道決定三才，純是形而上的哲學。故人類的歷史毋寧爲天道歷史的副產物，爲自然界歷史的一部份。

《易經》中的陰陽和爻位變化，象徵著數位化的宇宙架構。當年，德國大數學家萊布尼茲，便從易學的「天圖地方」圖中，領悟出二進位的宇宙演化道理，而展開了微積分的研究，也奠定了現代數位化電腦資訊網路的雛型，這也是德國的科學有驚人突飛猛進的主因。在台灣的易學研究工作者必須放大胸襟，去探索天地及人事物變化的奧祕，從物理的漸變和突變中，打破困局，爲深層的人事物解疑除難。

易學是中華文化中最重要的資產，但華人太執著於文字，陷入思考的爭辯，只用於卜筮的小道，不知深入探源其大用，例如地球磁場對人思維與健康的影響；反而，將易學發展得最好的是德國人。故在上課時再三叮嚀要…古書今用，史書活用。

蔡君現爲中華道家學術研究會的常務理事。對易老莊哲學、孫子兵法、奇門遁甲、風水等均有深入研究，又有經營管理的實務經驗與深厚的學理基礎。建議他將所學做有系統的整理。

現蔡君爲專業經營策略顧問師，曾利用隱性和顯性經營之道綜合應用輔導多家公司轉虧爲盈，其中數家公司順利股票上市。

蔡君所學所教所聞，均能排除江湖秘笈之疑誤，而納入得體合宜的「三才之道」。今以天、人、地三篇闡述「投資台灣．笑傲全球」確是橫跨中華古老哲學及現代企業知識經營新知領域上；在全球化下爲立足台灣、運籌帷幄、賺進全球財富，作有系統而不厭其繁的一一加以解說，實不愧是一本鼓勵愛台灣、投資台灣的好書。

特爲序以推薦之。

【推薦二】

前經建會主任委員、台灣智庫董事長 陳博志

由全球化、國際化的宏觀角度，檢視台灣經濟的發展歷程與每次的關鍵轉折，目前台灣經濟正面臨蛻變的考驗與試煉。台灣的發展史，可溯及四百年來歷經不同朝代的更替，尤其一九七〇年代以來成為國際唯一孤兒的這段深植人心的經過。

然而，近四十幾年來，台灣經濟不僅沒有因此向下沈淪，反而每一個時期都有不少產品在世界市場佔第一位，傲視全球；這成績代表台灣產品的國際化及市場競爭力。過去四十年來台灣平均經濟成長率達到8％以上，加以過去十多年來的政治民主化、使台灣在經濟發展及政治民主之成就已經成為全球開發中國家的典範。

但經濟成長不可能完全避免景氣變動的衝擊，民主政治的演變也不可能一帆風順，廿一世紀初，受到全球網路科技泡沫及首次政黨論替的影響，二〇〇一年台灣

經濟成長率爲負2.2%，是過去五十年來最差的表現，目前景氣已在復甦之中，台灣的產業已改變發展策略、向知識化邁進，故二〇〇三年經濟成長率達3.23%。

在這波全球化的浪潮中，台灣經濟因受到產業結構轉型、及台商大量投資中國的影響，造成失業率偏高；但這只是短期的現象，台灣可借力使力，由「摸仿」爲主的生產，進入各種「創新」的產業，如經由知識經濟、結合文化創競與高科技再造傳統產業、提升服務品質、政府提供優質公共財、發展台灣特有的企業文化，則可重振過去經濟成長的雄風。

我在群策會李登輝領袖學院第一期國策研究班講授「知識經濟發展策略」時，作者已完成本書的初稿，發現其對全球宏觀的總體經濟及兩岸現況分析理念尚正確，對台灣的實力與轉型抱持樂觀的態度。又以華人傳統特有的文化觀念，闡述投資台灣、立足台灣的優勢所在。這些論述都一再鼓勵國人重建對未來經濟的信心，期盼再攀經濟高峰。相信本書將有助於開創國內產業發展更寬廣的未來。

【推薦三】

中華財金研究發展協會　副理事長
實踐大學經濟研究所　主任教授　張萬同

中國在改革開放之後，勵精圖治，全力發展經濟。利用其廉價且豐富的勞工，及廣大的潛在內需市場，強烈的吸引了世界的投資與生產。在短短的廿年內，吸引了數千億美元的投資，成爲世界工廠。人民所得上漲了將近十倍，大大的提昇了中國在世界中的經濟地位。這一強大的磁吸效應，帶動了世界政治及經濟結構之劇烈轉變。迫使台灣必須快速轉型，重新在國際中尋找其新的角色定位，才不至於逐漸被世界邊緣化，甚至衰敗。

回顧一九四九年政府從大陸遷來台灣之時，在當時台灣並無工業可言，只有一些農業。所以，政府首先採取進口替代政策。對外獎勵僑外投資，開發加工出口業區，鼓勵外銷賺取外匯。然後實行十大建設及九年國民教育，改善台灣的整體投資

環境之後，再進一步發展資本與技術密集工業的科學園區。四十年來國民平均年所得增加了一百四十倍。從不到一百美金，增加到一萬四千美金。台灣成爲二十世紀中，全世界經濟發展的楷模，落後國家經濟發展的希望與導師。也是全台灣人的驕傲。

古言：「三綱者，天、地、人。」歷史上，大事大業之成就，天時，地利，人和三者缺一不可。台灣處於此一關鍵轉型之際，領導者必須從天地人三方面作宏觀性的策略思維。在既有的基礎上，承先啓後，理性務實的，以前瞻性的眼光，開闊包容的胸襟，在新的世界局勢中，以順天、用地之理，重新定位，因勢利導，以仁民愛物之心，率眾打拼。則台灣必能再創奇蹟，開創新局面，爲世人所敬重。

蔡兄將易經及風水，融入經濟發展的分析。在全球化的趨勢下，從「天地人」的宏觀面，爲台灣未來的經濟發展把脈，並提出其精闢的見解。這種不同於一般純經濟或政治的分析方式，對於分析台灣未來的發展，有其獨特之地，值得關心台灣的人士閱讀參考。

【推薦四】

立法委員 陳學聖

台灣經濟歷經四十年來快速的成長，成為開發中國家的典範。但突然在新世紀之初面臨自一九六〇年代以來第一次經濟的負成長，這一切變化引起國人深切憂慮。經濟衰退的起因一部份是由於資訊網路工業的泡沫與全球性的景氣蕭條，但也有一部份是因台灣產業結構調適不良、及第一次政黨更替、新政府無財經人才與執政經驗所致。在這個世代交替之際，如何在全球景氣恢復活力中重新尋找台灣下一波產業發展的新契機，實為台灣人民、產業界、學者與政府所關注的課題。

在經濟部中小企業處榮譽指導員、台北市協進會大會時認識作者蔡愷，發現他學識頗淵博、有三十多年經營管理實務、又熱心公益而被推選為分會長。

作者是國家發展研究院第八期聯誼會會長，又曾是國會委員的主任助理，也可

算是個政治人，對國家發展策略有深入研究。進出大陸近二十年經驗，有輔導多家廠商在大陸投資的實戰經營經驗，因此他從全球總體財經來分析兩岸經濟互長及台灣優先方面，有其獨特的看法。台灣在國際上競爭力排名仍在上升中，書中的論述以又各種角度鼓勵著國人重建對未來經濟前景的信心。

作者因具備了學者、業者與政治人物的三重身分，學者特質使他善於觀察、分析，能夠兼顧各種角度；而實際從政及從業的經驗，具備了宏觀視野與微觀縝密的交會，使他能夠了解當前全球財經趨勢，及充分掌握兩岸完整資訊，跳脫象牙塔中學者的窠臼。本書綜合財經實務、台灣歷史與中華傳統風水學術的觀察，不僅內容豐富，涵蓋面廣，因此閱讀起來不僅有趣，也有智識上的收穫，堪稱台灣優先的百科全書。

【自序】回首過去，認識當今，預測未來

愷　特（蔡愷）

二〇〇四三月

早在八〇年代就已出現「全球化」一詞，二十多年來，已經產生不少本質上的變化。文化全球化、經濟全球化，當然也少不了許多企業渴望實現的「經營全球化」。在面對全球化的潮流，全球佈局已是企業普遍的認知，尤其台灣有史以來即是以開拓全球貿易的海洋國家。如今，佔台灣百分之九十八的中小企業，反而有許多可能不清楚跨國企業的全球佈局趨勢，以及台灣在全球佈局中的地位與角色，本書以宏觀的角度分「天、人、地」三篇來論述爲要何投資台灣。

「天」篇：以歷史、趨勢，宏觀的回顧總體經濟情勢、及台灣發展史爲主軸。

「人」篇：以人文、科技，當前之局勢，分析台灣產業的優勢、深耕台灣，建

議企業配合政府政策，善用知識經濟，回應全球佈局之策略。

「地」篇：以傳統地理風水、區位、氣場及環境，闡述地理對政經、人文之影響，配合先後天之時運，說明台灣經濟發展之鑰，根留台灣，投資台灣，保握當下最佳時機。

台灣過去四十年來一連串成功的轉型，使得台灣成為名列前茅的世界經濟體，雖然在二〇〇一年因為受到國際大環境不景氣影響，經濟首度呈現衰退，然而現在正逐步復甦當中。環顧全世界，能在艱困的逆境中，努力不懈勇往直前的國家屈指可數。

台灣有如此戲劇性變化的原因何在呢？無疑地，它的特殊地理條件因而產生的動盪命運是決定性主要因素。這塊美麗的島嶼，不過就是三萬六千平方公里（約有四分之三還是山地），地狹人稠，但有得天獨厚的地理區位及風水，有善良勤奮的人民，在經歷許多悲傷無奈的歲月中，創造了高度的經濟發展並終結一黨專政，施實自由、民主，人權立國的典範。

十七世紀是西方殖民的世紀、歐洲的探險家帶動了第一波的全球化。一六二四年荷蘭人占領現在的台南安平，將它命名為熱蘭遮，另一群荷蘭人也同年占據北美洲哈德遜河口的曼哈頓島定居，命名爲「新阿姆斯特丹」。在鄭成功收復台灣、病逝後的兩年，一六六四年，英國人趕走了曼哈頓島上的荷蘭人，改地名爲「紐約」。兩個殖民地，同時進入西方全球化體系的兩個城市，但在三百餘年後有著不同的命運。

不同的命運來自於不同的地緣位置，不同的政治歸屬，不同的人文。在這近四百年的歷史中，台灣幾乎完全受到所謂民族國家情結、地緣政治、地緣經濟的左右，很難建構出一套獨特與超越的發展策略。

以歷史爲鑑，可以知興替。台灣需要一種深刻的、全面的歷史反思，一種持續的、建構性的歷史反思。回歸眞相，台灣的中小企業才是之前經濟成長的主體，而不是執政當局；如把功勞歸給某些人，不止昧於事實，也是選擇性的失憶，借此引導人民失去主體性，模糊了自我認同，並忽略住在台灣這塊土地上的人刻骨銘心之

奮鬥歷史。

回首過往，認識當今，預測未來。

今日，伴隨著知識經濟時代的來臨，人們重視的是智慧資產的價值，誰擁有智慧財產，誰就能創造財富、擁有財富，這也是我們的核心競爭力。政府亦應不斷改善國內的投資和生活環境，引導企業根留台灣，協助企業開展全球化的佈局，並加強智慧財產權的保護，吸引跨國企業來台灣設立研發中心、運籌中心、採購中心及培育e世代的優秀人才，以服務替代管理。

由於中國大陸開放以後，以極低廉的土地與勞力吸引外資，出口導向的台灣企業界不顧風險，紛紛赴中國設廠，而台灣內部產業又未及時升級、產生結構性失業及經濟成長下降。這問題並不是兩三年之間產生的，也不是換一個政府立即能能決的問題。日本泡沫經濟破滅，十幾年還翻不了身，至今失業率還在上揚。在二十一世紀的開端，應該如何再重新發現台灣的優勢？在一個全球化的時代，又應該如何再塑台灣的新策略？

全球化的來臨並不表示地緣政治經濟學必須讓位。就像世界上絕大多數的國家一樣，台灣未來的發展必須充分掌握全球化與地理政經兩個有利因素。全球化可以提供台灣一個擺脫地緣政治與經濟陷阱的機會，也可以使得台灣充分利用地理政治與產業優勢的利基，其間的關鍵就在於我們如何定位台灣的發展策略。

台灣應從「全球經濟與戰略」的大架構下思考處理台灣與中國的互動，而非只是兩岸問題；企業必須以新的思維面對全球化時代的變局，要跳脫框框，不劃地自限，更不能墨守成規，甚至要逆向思考，與敵人共舞已是常態。以往，企業的競爭與合作關係是「漢賊不兩立」，但是今天，企業與企業之間常維持既競爭又合作的關係，唯有如此才能掌握機會，創造商機。

現今地球村時代，台灣不能自外於世界，必須與全球接軌，展現台灣願意強化與國際的合作基礎，積極參與國際民主社群，以台灣為運籌營運中心，佈局全球的願景下，發揮先天居於泛太平洋樞紐位置的絕佳條件，開創嶄新的產經格局。

促成筆者完成本書，是群策會國策班學長、和經濟部中小企業處委由中國生產

力中心舉辦的中小企業經營領袖研究班學長的激勵，將多年來參加各種研討會及經營管理顧問實際參與的心得彙集整理，及二十年來對台灣與中國經濟的觀察、參與和關懷，做一些拋磚引玉的工作。

因所跨領域頗寬，引用錯誤在所難免，期望各界先進不吝指正，至所感禱。

註：本書參考之書冊近三百本及上千篇的各種領域論文，因書目之多，就不在最後一一列舉。

目錄

目錄

目錄

第二篇 人 145

第三章・領龍飛舞 216

第二章　風水概述與選址佈局……287

第一篇 天

曆數可不是偶然形成的制度，這是先哲仰觀天文、俯察地理的累積統計，及歷史長河經驗所得的一套計算和表達變化的理則法。綜觀宇宙的變化，原則上都是漸進的，個體因互動致使能量不斷累積或衰竭，又不斷在平行隨機互動，但當到達某一臨界點，便會產生突變，也就是跳躍式的蛻變。漸變和突變、量變和質變，交互的運作，便是宇宙演化的動力。據歷史文獻，跨世紀前後數年是地球氣場的重大突變期。

千禧年前後，台灣發生很多事情，頻率之高在台灣經濟發展史上十分罕見。很多莫名其妙的失序，有些發生在台灣境內，有些雖發生在國外，但由於全球化地球村的形成，因而深切影響國內政經情勢的發展，不論危機或事件都對台灣帶來不小的震撼、危機與轉機。

首先是在世紀末發生的東亞金融風暴，台灣飽受虛驚之餘，幸無太大損害。在危機餘波未平時，又在一九九九年發生九二一大地震。接著造訪的是二〇〇〇年下半年開始的國際經濟不景氣，經過一年，當景氣正要好轉的時

候，美國又發生九一一恐怖攻擊事件。緊接著美國對阿富汗展開報復攻擊，然後又將目標移至邪惡軸心國之一的伊拉克。二〇〇三年SARS疫情發生在大陸，經由香港襲擊台灣，嚴重影響台灣的各項產業。最後也是離現在最近的危機，亦是由大陸引暴的禽流感對人類的威脅。這段期間裡島內還發生大大小小的水災、乾旱、朝野對抗等，都對台灣經濟造成或多或少的衝擊。

第一章　全球總體經濟情勢

全球經濟歷經三年的休養調整，並隨著美伊戰爭的速戰速決，以及 SARS 疫情獲得有效控制等非經濟因素已消弭，自二〇〇三年下半年經濟活動已逐漸恢復正常運作。同時，各國政府亦致力於維持低利率環境，並陸續採取擴張性財政政策，有效激勵需求回升，經濟活動趨於擴張的局面，全球經濟景氣逐漸邁向新頁，呈現平緩復甦及伴隨著低通貨膨脹，使得企業界對今後全球景氣復甦充滿信心。

美國經濟復甦將使其他區域經濟受惠，因爲它經濟規模龐大，而且科技水準較高、金融體系健全，長期以來都扮演帶動全球經濟的角色。也就是說，希望透過美國的國內需求提高，導致其對外部需求的增加，進而帶動其他國家的出口增長而促使經濟受益，尤其對亞洲出口導向的經濟體表現影響甚深。

今後，世界經濟在中國及美國這兩個成長之雙引擎帶動下，全球經濟可望繼續

邁向復甦之路。IMF 預測未來全球經濟會加速成長，儘管仍有許多不確定因素，如恐怖攻擊及禽流感、SARS的復回等，但經濟復甦展望已呈快速正向值，故預估二〇〇四年全球經濟成長率可達4.1％，高於二〇〇三年的3.2％。而台灣處在雙引擎中，預期復甦力道更加強勁。

第一節　歐美日經濟情勢

隨著美國經濟成長動能加溫跡象日益明確，近來也有跡象顯示全球經濟正逐漸改善中。因此，在美國的帶動下，全球經濟二〇〇三年下半年起已有成長。但若復甦過度仰賴對美出口，則恐怕就難以持久。

IMF 總經理柯勒指出，全球經濟的風險在於美國能否恢復成長，並矯正經常帳失衡的現象；亞洲拜區域各國積極改革之賜，經濟強勁成長，二〇〇四年可望進一步攀升。OECD 首席經濟學家寇提斯表示，全球經濟逐漸復甦，唯獨西歐景氣擴張力道疲軟，美國經濟二〇〇三年平均經濟成長率粗估達2.5％，歐元區約1％，日本可望出現2%左右的成長幅度。

日本景氣不佳已持續十餘年，甚至可說低迷已成爲常態，但西歐地區二〇〇二年及二〇〇三年的景氣表現，與日本相比並沒有明顯差別，兩者都陷於泥沼之中而無法自拔，而日圓及歐元兌美元匯率卻又有升值的現象，導致透過對美國貿易出超來挹注經濟成長的管道受到抑制，加上失業率居高不下、財政惡化、產能過剩等問題，復甦之路不很樂觀。

◎美國經濟情勢

自從美伊戰爭結束以來，從近期金融市場持續強勁反彈，生產與民間消費需求開始回增，可見景氣復甦並非遙不可及。在全球各界對美國經濟能夠復甦寄予厚望上，但實際，美國經濟復甦的氣勢有堅實的一面，也有脆弱的一面。對美國景氣有利的因素方面，有：美國聯準會爲激勵景氣加速復甦，並避免陷入通貨緊縮之危機，於二〇〇三年六月宣佈降息一碼至1%；加上布希政府陸續執行三千五百億美元的

減稅措施與持續寬鬆的貨幣政策，爲經濟增添成長動能，對激勵市場需求的提升效果已經實現，且美國股市持續強勁反彈，可見其減稅效應已浮現。因此，由於消費支出擴增，製造業新訂單已呈成長等，這些都是經濟重現活力的跡象。

美國經濟二〇〇四年確定可強勁復甦，未來二年可成長3%～5%，現行利率至少會維持到年底。紐約決策經濟公司首席經濟學家辛乃（Allen Sinai）表示：「Fed爲提防通貨緊縮風險，至少在二〇〇四年六月前會按兵不動，利率一直維持在四十五年來谷底的1%。」Fed 貨幣事務主管恩哈特亦說：「美國可能需要一段長時期的低利率，以應付低通膨可能帶來的變動。」

判定美國經濟榮枯的重要機構國家經濟研究局（NBER），在二〇〇三年九月中集會後宣佈：一九九八年開始的經濟衰退已經結束。華爾街經濟學家平均預估二〇〇四年的成長率預計超過4%。

至於負面的情況是：美國的貿易赤字在二〇〇二年已逼近五千億美元，爲歷史新高，因此美國政府對美元價位並未堅持捍衛強勢美元的措施，導致美元價位下跌，也因此將抵銷部分美國景氣復甦的外部效果，還有利率已處於相當低的水準，一旦景氣開始復甦之後，利率將會出現上升的走勢。

雖然有正負面因素影響美國景氣，然而美國以強勁的國內需求來支撐其國內經濟，雖出現鉅額的貿易赤字，卻也造福世界其他國的出口，進而帶動全球經濟的繁榮。此一關係，決定二〇〇四年全球景氣的命脈，截至目前的跡象顯示，並不悲觀。又美國在二〇〇三年的五月六日首度與亞洲地區的國家新加坡簽署自由貿易協定（FTA），該協定也將作爲美國未來與其他亞洲國家簽署貿易協定的藍圖，此協定值得台灣當局特別注意。

◎歐洲經濟情勢

二〇〇二年以來，歐聯國家經濟復甦的步伐，落後於北美和亞洲新興市場。因此，歐洲各國爲了符合歐元區「安定與成長條款」要求，均採緊縮財政政策，限制了歐洲內部需求成長，引發內需和投資不振。增加出口成爲推動歐聯國家經濟成長

的主要動力。

然而，儘管先前歐洲央行連番降息，將利率降至近五十年來的最低點，試圖振興歐元區國家經濟，但因過去一年多來歐元持續走強的影響，導致出口競爭力減弱，且失業率居高不下，對消費支出產生抑制效應，降息效果因而大打折扣，今年上半年歐元區國家經濟還是難以擺脫景氣困頓的僵局，仍陷入成長停滯狀態。

所幸自年初起，歐元對美元匯價已經轉弱，使得歐盟對美出口的競爭力逐漸回復，加上美伊戰爭結束後，國際油價的下滑，再配合美國經濟的好轉，出口可望帶領歐元區國家走出景氣谷底。加上，近來歐盟兩大經濟體—德、法兩國政府都將不顧歐盟預算赤字上限之規定，準備繼續採行擴張性的財政政策，俾利振興經濟，進而帶動歐洲經濟的成長。其中，德國總理施若德表示，除已宣佈的六千億歐元減稅方案外，並擬於二〇〇四年再減少二百一十億歐元的所得稅；同時，法國政府也表明，繼二〇〇二年降低所得稅與營業稅5％之後，二〇〇四年還將藉由減少政府支出來實施減稅計劃。

值得注意的是，二〇〇二年十二月在哥本哈根舉行的歐洲理事會高峰會議後，捷克、匈牙利等十國，將在二〇〇四年五月加入歐聯，保加利亞及羅馬尼亞，則可望在二〇〇七年成爲成員國。歐聯增加十個成員國後，總人口數將由現在的三・七八億增至四・五三億，生產總值（GDP）亦將由七・八九八萬億美元，推升至八・二六萬億美元。更重要的是，各準成員國除了生產成本較低外，在預備加入歐盟的過程中，不但放寬了投資環境，吸引外資不斷流入，將使歐洲的經營環境產生變化，並可爲台灣出口商帶來新商機及挑戰。

◎日本經濟情勢

經濟泡沫之初期，日本政府未採取任何指施，造成銀行資金大量流入股票及不動產市場，以致末期銀行被套牢資金達一百兆日圓。又橋本前首相於亞洲金融風暴發生時，爲解決日本財政危機，採逆向操作，不降稅反而加稅（消費稅由百分之三調升至百分之五），不增加公共投資反而減少公共建設，造成今日日本經濟的困境，

亦爲橋本首相下台的主因。

繼任的小泉首相，記取前任教訓，改弦更張，採出刺激消費政策。因此消費需求恢復和出口增加，同時帶動部分產業恢復投資，經濟活動雖已回復，但經濟的結構性困境如金融壞帳打消等依然存在。

二〇〇三年第一季日本經濟亦幾近零成長，進入第二季之後，雖有亞洲地區**SARS**疫情的威脅，出口略微萎縮。然而，依據日本大藏省於十一月中所公佈的國民所得統計速報中指出，在企業設備投資、民間消費以及出口等同步擴增之帶動下，同時，受到股價上揚、工業生產、企業投資及就業情況漸有起色等之激勵，加上美國經濟加速復甦，亦有助於出口之擴增，日本政府於日前公布的「二〇〇三年經濟動態年報」中，調高對日本總體經濟之評價，這是近半年來首度調升對日本經濟之評估。經濟學者原先預期二〇〇三年經濟成長1.1％，實際成長超過2.5％。這些跡象都顯示出，目前日本經濟復甦前景已轉趨樂觀，如再配合日本政府強而有力經濟結構改革，經濟不但可望重回原有的成長軌道，且困擾日本經濟已有五年之久的通貨緊縮問題亦將獲得紓緩。

當然，目前日本企業仍面臨相當大的產能過剩及負債壓力，且在通貨緊縮陰霾籠罩下，企業銷售倍感壓力。因此，日本政府計劃透過一・八兆日圓的減稅措施，以及產業、金融一體之產業重建計劃，由日本政府與金融機構共同努力，儘速克服通貨緊縮、金融體系龐大的不良債權等諸多問題，以促使日本經濟儘速恢復榮景，但最終能否奏效，現在還是一個未知數。

第二節　亞洲經濟情勢

亞洲國家的幣值都緊盯美元以利出口的方式，使美國遭受龐大的貿易赤字。另一方面，亞洲國家如果只想透過貶值增加價格競爭力，忽略整頓國內銀行體系，只顧短期利益的做法，也無法長久提升該國競爭力。觀察亞洲近鄰各國最近經濟發展新局，台灣必須懍惕警戒的是：「周邊有事，我難獨免。」時下兩項最紅火的議題：通貨緊縮（deflation）與消費緊縮（consumption squashed）固是當今舉世共同戒慎

恐懼的大事，但對於台灣所可能引致的嚴峻挑戰，尤其不可以怠忽。

「大陸工業區的快速崛起，已不能等閒視之了！」二〇〇三年來台出席第七屆亞洲科學園區的日、韓等代表，都擔心大陸科技的發展，將吸引鄰國大批資金。大陸廣大的市場及廉價的高科技人才，已發揮了「磁吸效應」，影響台灣、日本、韓國、越南等國工業區的招商行動。

◎南韓經濟情勢

在一九九七年亞洲金融風暴中嚴重受創的南韓，接受國際貨幣基金的震盪治療之後，已顯見刮瘡補肌、去腐生新之效，是國際組織近世紀以來對付區域經濟風暴最成功的典範之一；在過去這三年全球經濟不甚景氣期間，南韓竟能維持連年6％以上的經濟成長率，大大提升了南韓的國際能見度與國際經濟地位。

回首審視南韓經濟情勢，過去一年多當中，國內消費的嚴重緊縮、工會強勢作爲的嚴重副作用、企業假帳醜聞等，都是當今南韓經濟由復甦反轉衰退的重要原因。

然而，南韓總統盧武鉉的新手上路及其完全迥異於前任的決策風格，也脫不了關係。過去五年，在南韓信用卡公司的強力促銷之下，信用卡市場陡地急速膨脹，消費者刷用信用卡的簽帳金額從一九九八年的五百三十億美元，暴增到二〇〇二年的五千一百九十億美元，消費者在極短時間急速擴張積欠債務，引發一九九七年以來的另一類型的新金融危機，南韓政府乃強制要求財團與銀行，必須買下信用卡公司債，同時，強力緊縮消費者信用，這兩方面連鎖措施的結果，已導致國內消費的一蹶不振。

南韓的工潮，則是另一大經濟殺手，令南韓政府和企業頭疼。人權律師出身的盧武鉉當選總統，固受惠於南韓工會的極大支持，甫上任期間所採行的政策，多以社會改革和財富重新分配之施政爲優先，較不注重經濟成長。南韓工會就看準盧武鉉的同情工會，且亦缺乏執政經驗，乃乘勢展開一波波的罷工行動，令企業主大爲跳腳，南韓五大商業總會已在二〇〇三年六月發表聲明，如果企業環境再持續惡化下去，將把國內工廠外移，大規模遷往中國大陸。因此，二〇〇三年夏季的罷工潮，

盧武鉉對罷工工會的態度，已明顯轉趨強硬，逮捕上千名鐵路罷工工人，似乎在預示著他已決意轉向安定企業和投資人的信心。

◎東南亞經濟情勢

東南亞國家已逐步擺脫金融危機的陰影，並隨著美國經濟逐漸回溫，景氣持續邁向復甦發展。根據亞洲開發銀行對東南亞六個國家二〇〇三年經濟成長率的粗估結果，泰國的經濟成長率約6.4％、馬來西亞的經濟成長率約4.56％～6.5％、印尼約3.5％～4.04％、菲律賓約4.24％、新加坡約0.5％～1.0％。

東南亞國家經濟的持續復甦成長，除了靠出口的增加來支撐經濟成長外，亞洲金融危機後，各國家加速改善金融與經濟體制，維持低利率環境，刺激內需成長。印度中央銀行在二〇〇三年五月初降息一碼，基本利率降至三十年最低的6％。這類措施，尤以泰國力度最大。菲律賓、馬來西亞、印尼等國以促進內需帶動經濟成長的趨勢也日益形成；企業也趁美伊戰爭及SARS疫情結束開始增加機器及設備的採購。

經濟學家看好二〇〇四年泰國經濟成長率可望達8.0％，印尼預估成長4.8％，馬來西亞5.5％～6.0％，新加坡5.2％。

而香港地區因基本法第23條立法引起政治波瀾，是中煞之後的另一個沉重打擊，致使二〇〇三之上半年經濟績效難堪，香港財政赤字踰越國內生產毛額的7％，失業率達8.3％，創歷史新高，房地產價格下滑65％，是繼日本後，亞洲國家通貨緊縮情勢最嚴重的地區之一。

東南亞的另一指標性經濟體新加玻，則相當困窘，二〇〇三之上半年亦因受到ASRS衝擊之拖累而萎縮甚巨，爲了減抑觀光業及商業部門發出的壓力，星幣在過去六個月已對美元貶值1％，但下半年起在景氣振興方案和全球（尤其美國市場）製造及服務業回溫的帶動下，經濟已有起色，二〇〇四年經濟成長可望達到5.2％的擴張速度。

澳洲於二〇〇三年二月與新加坡簽署自由貿易協定，並從該年七月生效。此外，

值得注意的是，東協與中國大陸已於二〇〇二年十一月四日簽署自由貿易框架協議，自二〇〇三年初展開協商，預計於二〇〇四年完成談判，十年後將組成全球最大規模的自由貿易區。日本於二〇〇二年一月十三日與新加坡簽署雙邊自由貿易協定後，續於同年十一月五日與東協簽署預定於二〇一〇年至二〇一五年之前組成自由貿易區的經濟合作協定。至於東協十個會員國組成的自由貿易區，第一階段業已自二〇〇三年的一月一日上路。

據估計，中國大陸—東協自由貿易區成立，將創造一個擁有十七億消費人口、近二兆美元生產總值、一兆二千億美元貿易總量的經濟區。按人口算，這將是世界最大的自由貿易區。初步估計大陸對東協國家的出口將增加55％，東協國家對大陸的出口也將增加48％，東協和大陸的GDP年成長率，將分別提高1％和0.3％。

對台灣而言，東南亞與大陸都是台灣主要經貿往來國家，新加坡、馬來西亞、菲律賓、泰國、印尼，合計佔我國貿易總額12.8％，且大陸是台灣主要出口市場，「中國大陸—東協自由貿易區」一旦成立，自然對台灣有所影響。在拓展東協市場方面，短期而言，大陸和東協生產的產品與台灣產品性質不同，競爭性較小，這些對台商的出口反而有利。

然而，就長期效應而言，其影響將視未來落實程度而定，但可以預期的是，台灣在面對兩岸經貿的競合難題之際，如不妥善處理，未來勢必因台灣為非自由貿易區成員，而需繳交較高關稅；而區域整合後區域內貿易成本的降低，必然彰顯區域內外之差異，進而產生貿易轉移效應，此效應將壓縮台灣中小企業外銷拓展空間；台灣若不在此時積極因應區域化之趨勢，將有被邊陲化的危險。

◎大陸經濟情勢

自一九七九年鄧小平提出改革開放之後，大陸經濟大幅成長。但自一九九九年起，有逐年下降的趨勢，其主要原因與國際景氣變化有關。其中美國網路科技業出現泡沫破裂的現象，使得大陸出口成長率大幅下滑，再加上九一一事件，致使美國經濟受到進一步的衝擊，也造成大陸對全球出口的疲軟。

不過，二〇〇二年初以來，大陸出口又快速復甦，貿易順差將超過四百億美元以上，帶動大陸經濟成長反彈，對外貿易總值在世界各國的排名已上升到第六位。

除了進出口市場快速成長以外。在吸引外資方面，由於九一一事件使得外資由美國轉向大陸。更重要的是，大陸在加入WTO之後，國內市場開放進一步增加了對外資的吸引力。統計二〇〇二年吸引外資的協議金額突破一千億美元；實際到位的外資超過五百五十億美元，外國直接投資首次超越美國，成爲全球最大外資流入地區。

北京大學中國經濟研究中心推測，由於失業率日益惡化，加上SARS的影響，導致投資往後遞延，及政府一直限制銀行放款以避免房地產市場過熱等，二〇〇三年中國經濟的增長率，比預期低近二個百分點，對經濟影響總額達二千一百億元人民幣。以目前台灣超過四分之一產品出口至大陸的情況觀察，大陸經濟受衝擊對台灣的連鎖效果，尤其值得注意。

人民幣升值的正反效應

項目	負面效應	正面意義
對中國大陸的影響	・熱錢流入投機盛行造成泡沫經濟 ・升值使通貨緊縮壓力加大 ・不利出口競爭 ・不利推行國產化政策 ・加工企業外商轉移陣地 ・降低大陸企業獲利率，增大失業率 ・不利貨幣政策穩定	・改善貿易條件，有利產業結構調整 ・提高民眾購買力，擴大內需 ・減少央行對沖操作壓力 ・減少負債增加債權 ・有利人民幣在國際社會流通，成爲國際性貨幣
對台灣企業的影響	・在大陸生產的外銷型台商喪失價格競爭力 ・台灣吸引外資處於劣勢 ・台幣也會跟著升值 ・台灣對大陸出口減少 ・大陸產業結構調整，對台威脅增加 ・人民幣升值引發的國際投機潮，台灣也會受影響	・台商以美元舉債，轉入人民幣存款 ・在大陸生產的台商進口原料便宜 ・大陸民眾購買力強，內銷企業受惠 ・企業更重視在台研發 ・台商將大陸視爲主要市場，從製造爲主改打通路戰 ・陸資向外觀光、投資，台灣可受惠

資料來源：中經院座談會

在人民幣匯率方面，根據美國財政部長史諾提出的數據，人民幣匯率至少低估了40%，而且中國大陸緊盯美元的固定匯率制度，對於美國廠商造成相當不公平的競爭情況；但中共堅持人民幣匯率不升值，美國也不會撕破臉，因爲美國有很多大企業在中國投資相當龐大，不見得一致贊成美國壓迫人民幣升值。日本前財務省次官神樑英姿認爲：人民幣升值將引起中國經濟不穩定，威脅亞洲地區經濟成長。最近英國金融時報的評論，也持類似看法。

然而，中國經濟目前雖快速成長，但其經濟發展也面臨嚴峻的結構性失衡隱憂，形成競相盲目投資、重複建設的現象，同時，投資熱潮已擴散至金融面，並出現金融貸款成長加快、貨幣供給量偏高的現象，已有嚴重的財政、金融、失業問題，所得分配及區域發展失衡；國內外投資過熱，引發人民幣升值等，增加潛在的系統性金融風險，這些結構性問題將對中國經濟未來發展帶來極大桃戰。

第三節　台灣總體經濟情勢

台灣經濟的欣欣榮景，在記憶的印象中似乎不遠的，就在十幾年前「台灣錢淹腳目」的時代；經二十多年發展的豐收期，人民所得快速增加，可以支配的資金充裕，人民也眞正充分的享受經濟發展的果實，如已開發國家富人一樣的消費，所有國家視台灣的旅客爲金主，台灣人民也因富裕而享受到榮耀。

但一九九九年九月二十一日深夜，台灣中部受到百年芮氏震度規摸達七・六級一場突如其來大地震的襲擊，死亡人數超過二千四百人，重傷有四千多人，輕傷萬餘人，經濟心理因此受到重創。無奈的是，無論經濟實力多麼堅強，仍舊無法戰勝大自然的威脅。

又自二〇〇〇年五月首次政黨輪替以來，因內部分裂而下野的泛藍政黨，屢用在國會的人頭優勢掣肘財經法規的推行，引起國內政經情勢的混亂。再加上國際景氣低迷的影響，消費疲軟、投資銳減、公共投資未發揮應有效果，經濟成長因而嚴

重衰退，致使近三年年平均經濟成長率僅達2.4％。然而，根據IMF預測，因國際景氣明顯復甦，有利台灣出口擴張以及民間投資的信心回穩，預估二〇〇四年民間固定投資可由二〇〇三年負成長3.0％，回復為正成長9.2％。

◎罕見的經濟成長率

從一九五三年到一九八〇年之間，台灣的平均經濟成長率為9.21％，一九八一年到一九九五年之間，則下降為7.52％。儘管如此，一九五三年到二〇〇〇年的48年間，台灣的平均經濟成長率仍高達8.1％，也就是說台灣創下近半世紀的持續高度經濟成長紀錄。綜觀世界歷史尚無類似的案例。根據世界銀行所發表的「一九九八年世界銀行地圖」，台灣的GNP連續三年維持第十九名，而平均國民所得則為一萬二千八百三十八美元，為全球的第廿三名。然而根據台灣的金融界人士透露，台灣的地下經濟活動大約有40％並未計入官方的統計報告。如果依據此一說法來推算，實際的平均國民所得應達到一萬七千美元之譜。同期大陸的平均國民所得卻僅有七百五十美元，約為台灣的十七分之一，被歸類在全球的五十三個貧窮國家之列。

一九五三年到二〇〇〇年除了石油危機發生的前後，大體上物價可說極為安定。在六〇年代之前，台灣的失業率約在3%左右，然而隨著勞力密集型產業的引進，多餘的勞動力被工廠所吸收，因此八〇年代之後反而呈現出勞力不足的現象，外籍勞工也開始大量流入，整體失業率也降至2%以下。二十世紀末台灣遭逢百年以來最大地震災害，二十一世紀初第一次政黨的輪替，又適逢全球與美國的經濟衰退，以外銷為主的台灣五十餘年來於二〇〇一年首次出現的經濟負成長。

據二〇〇三年十月三十日，最新的WEF「二〇〇三年到二〇〇四年全球競爭力報告」，芬蘭取代美國，成為全球最具競爭力的經濟體，美國退居第二，台灣奪下第五，較去年晉升一名，在亞洲地區的排名仍保持優勢、稱冠。而中國大陸的總體競爭力反由一年前的第三十八，倒退十一名，掉落到排名第四十四。

WEF 2003 年 「成長競爭力指標」排名			
國　家	2003年	2002年	進(退)步名次
芬　蘭	1	1	0
美　國	2	2	0
瑞　典	3	3	0
丹　麥	4	4	0
台　灣	5	6	+1
新加坡	6	7	+1
日　本	11	16	+5
韓　國	18	25	+7
香　港	24	22	-2
中國大陸	44	38	-6
印　度	56	54	-2

註：1.受評國家數目為102個(2002年為80個)。
2.上述2002年排名是以今年新方法重新推估的排名，與去年排名不同，去年台灣為第三名。
資料來源：世界經濟論壇 www.weforum.org

WEF 2003 年 「商業競爭力指標」排名		
國　家	2003年	2002年
芬　蘭	1	2
美　國	2	1
瑞　典	3	6
丹　麥	4	8
德　國	5	4
英　國	6	3
瑞　士	7	5
新加坡	8	9
荷　蘭	9	7
法　國	10	15
澳　洲	11	14
加拿大	12	10
日　本	13	11
冰　島	14	17
比利時	15	13
台　灣	16	16
澳大利亞	17	12
紐西蘭	18	22
香　港	19	19
以色列	20	18

世界經濟論壇指出，政府政策的力量及凝聚力對一個國家的世界競爭力排名有重大影響。台灣與新加坡的競爭力分別名列全球第五、第六名，是亞洲表現最佳的兩個經濟體，台灣因在科技領域的亮麗優秀表現，使其排名超越了新加坡；而新加坡則是有良好總體經濟環境及公共制度的品質。根據WEF的報告，全球領先排名順序其中六個歐洲國家名列排行榜前十名，因公共制度品質佳、迅速引進新科技的北歐國家表現尤其耀眼。

WEF的全球競爭力報告於一九七九年展開，現在已具高度權威性，WEF 2003年的評比對象從二〇〇二年的八十個經濟體擴大爲一百零二個，其中非洲國家由八國增加到二十五國。全球競爭力報告主要根據各國的「成長競爭力指數」及「商業競爭力指數」進行評比，報告的最大啓示是，政府政策的健全度和一致性，對一個國家排名有很大的影響。

WEF成長力競爭力指標主要是衡量受評比國家未來五年的競爭潛力，商業競爭力指標則是當前的競爭地位。這評比是根據以下五項指標：

- 科學與工程的研究人力。
- 創新政策。
- 產業群聚新環境。
- 創新基礎設施的產業群聚環境之關聯。
- 企業創新導向。

在成長競爭力項下的指標中，台灣的總體經濟環境指標排名第十八，總體經濟穩定性指標排名第九，政府浪費指標排名第二十，國家信用評等名列第二十四，公共制度指標台灣排名第二十一，貪污指標第十九。然而，台灣在科技領域的表現甚獲肯定，科技指標奪下第三，其中的創新指標名列第二，ICT（資訊、通信科技）指標排名第七。

亞洲國家中，日本、南韓排名也提升。日本因爲科技研發創新優勢晉升到第十一名，韓國則因經濟漸入佳境，及科技有逐漸追上日本的趨勢，而升至第十八。但中國大陸因公共制度品質滑落，加上司法獨立、公共部門貪污腐化等，而得分偏低，排名掉至第四十四。

在商業競爭力方面，台灣仍原地踏步，企業營運及策略複雜度、國家商業環境部名列第十六。調查顯示，在台經商最頭痛的前五項問題依序是政策易變、政府不穩定、勞工法規限制多、官僚體系效率不彰、基本設施不足。

◎危機下的台灣經濟

資金的充裕不代表國家的經濟力，當然，泡沫經濟對國家的經濟發展並不有利。但其中值得驕傲的是，在泡沫破裂後台灣經濟仍能迅速的返回成長的軌道，充分顯示它的韌性與彈性。由泡沫經濟中恢復的台灣開始走向資訊王國之路，迅速成爲全球第三大資訊硬體產品生產國。台灣在此產業上的驚人成就是人民的另一項榮耀，台灣的資訊產業已不是在做低階的代工，而是從事高科技產品的生產，台灣廠商不但具有生產能力，同時也具有技術開發能力。回顧到一九九八年以前，台灣人民謀職容易，收入不虞匱乏，那時失業率不到2%，幾乎達到充分就業的水準。但是，

現在很多人沒有工作，所衍生出的各種問題，造成社會的負擔。犯罪率與失業率則呈同方向的攀高。撫今追昔，台灣人民對過去的「美好歲月」，感受應是幸福的。這一切的轉變可由，一九九七年的金融危機講起，相對東亞其地國家，金融危機對台灣的影響不大，這也證明了台灣的經濟體質強健。然而由另一角度來看，台灣也因此錯失了一個如韓國一樣的金融改革機會，在危機後幾年，台灣因銀行逾放比例過高而發生了數次金融不穩定，國際知名之信用評等公司標準普爾（Standard & Poor's）對台灣的主權評等也由AA+一路調降至AA-，這些都證明台灣在金融危機時的表現過於自滿。

表面上，金融危機似乎對台灣的影響不若鄰近國家來得彰顯，但實際上卻在多方面衝擊著台灣。首先，金融危機顯示東南亞國家的金融環境不佳，投資風險過高，台商與外商對東南亞地區的投資減緩，轉而將資金投向在危機中表現相對穩定的中國大陸，造成最近一波對中國大陸的投資熱潮。

再者，金融危機讓東亞國家驚覺彼此是一個命運共同體，東亞國家間的區域合作也跟著蓬勃，東協加三、博鰲論壇以及東亞國家在金融預警等方面的合作也都如火如荼的展開。伴隨這些而來的是一個更重要的現象，就是在東亞地區所掀起的一股簽訂自由貿易協定的風潮。各國在紛紛追求簽訂自由貿易協定之際，更凸顯台灣像國際孤兒一樣被人遺棄，如此下去，台灣的出口將會受到其他自由貿易協定造成的貿易轉移效果所影響，同時也將不利於外人對台灣的投資。一九九九年的九二一大地震，因災區產值比重原本就不大，除了帶給一些銀行營運上的困擾外，台灣經濟還算平穩良好。

然而，經過一年多的風平浪靜，經濟的瘟神終究再度造訪。二〇〇〇年下半年起，美國網路泡沫破裂，市場對資訊產品的需求降低，科技產品萎縮約四成，造成供給過剩，全球貿易成長率也由二〇〇〇年的13%驟降至二〇〇一年的0.4%。在出口佔經濟比重達50%的台灣，尤其台灣科技產業在此波不景氣中受害較深，廠商庫存壓力大增，出口因此銳減，二〇〇一年台灣出口減少17%，獲利更是大不如前，投資則因經濟成長減緩而加倍萎縮；因此，台灣資訊業也跟著展開大幅裁員，此時

台灣失業率攀升到5.5%的高峰。

就在全球經濟陷入不景氣的時候，二〇〇一年九月十一日恐怖份子使用美國民航機自殺式攻擊美國幾個主要城市，造成全球恐慌，受此事件的影響，美國股市一週內下跌了14%。消費信心受到嚴重的打擊，市場需求陷入低迷，致使原本不振的景氣更加惡化。原本預計二〇〇一年第四季景氣復甦的期望不但落空，這一切發展重擊台灣經濟，除了首度出現負成長，成長率更是敬陪所有東亞國家的末座。此時民間消費不振，物價下跌，台灣因而籠罩在通貨緊縮的疑慮中，民間投資也因爲市場展望不佳而紛紛卻步，國內投資金額大幅減少。

事過年餘，九一一的事件已讓人逐漸淡忘，但是國際經濟的景氣復甦還是相當緩慢，台灣經濟前進腳步也十分蹣跚。雖然台灣景氣在二〇〇二年歷經了幾個月的綠燈，而在二〇〇三年4月景氣信號又降到藍燈。當然這一部分要歸咎SARS疫情的肆虐所致，但是在SARS來襲前台灣經濟已開始顯露疲態，由景氣信號燈來看，二〇〇三年一到三月已連續出現三個黃藍燈。

如果說美阿戰爭與美伊戰爭的砲火對台灣經濟只像是遠方閃爍即逝的火光，那麼SARS對台灣經濟的衝擊就是一枚威力強大的炸彈，造成的不僅是心理層面的震撼，更是經濟景氣的破壞。SARS的震撼雖然巨大，但若從另一角度思考，SARS對台灣企業來說，也是一次訓練企業因應全球化危機能力的震撼教育。台灣過去的經濟發展軌跡並不平順，從石油危機、退出聯合國、到中美斷交都曾經考驗台商的應變能力。但是，儘管風雨不斷，對台商來講，因應全球化變局的經驗還是不夠。東亞金融危機、SARS疫情、九一一事件以及全球經濟不景氣都是在全球化時代裡，新型態且規模甚鉅的考驗，但也是試煉台灣整體危機處理能力的最佳機會。

◎當前台灣經濟回顧與發展

當SARS在台灣、亞洲多地及北美多倫多肆虐數個月之後，才逐漸受到控制，它來得無影無蹤，去時則耗費龐大的人力、物力，留下的是一片經濟蕭條，以及一度幾乎癱瘓的防疫醫療體系。政府、社會正在療傷補網之際，是否能藉它的教訓，

針對潛在的災難做一徹底的檢討以及改進，實在值得省思。

政府在七月初通過成立SARS重建委員會籌備小組，推動經濟重建、醫療體系重建、社會重建和國家形象重建等四大主軸。此規劃固然是爲了重建SARS疫情對經濟發展的衝擊，然而，更應注意台灣經濟問題的本質，進而推動產業與金融結構性改革，才能奠定台灣經濟再度振翅高飛的堅實基礎。

步入二〇〇三下半年以後，隨著國際股市在美伊戰後又持續強勁反彈，景氣逐漸好轉，且SARS疫情獲得控制以及政策利多陸續釋出，在市場需求逐步回升下，國內經濟景氣復甦態勢將愈趨明顯。經建會指出，加上國際經濟逐漸好轉，預期二〇〇四年台灣的經濟成長率可達4.72％，同時，失業率也可控制在4.5％左右，民間消費將恢復適當成長，由二〇〇三年0.8％，提升到3.3％，雖然這當中也有政策意味的目標性，但這一數字根據國內外經濟的情勢，加上政府的政策努力，似乎有達成的希望。

展望未來，經濟部統計長張耀宗指示，由於美國經濟指標已持續好轉，消費有信心大幅上揚，再加上台灣資訊科技產業產能提升，預期將有效帶動我國外銷訂單成長，二〇〇四年外銷訂單可望持續兩位數的增幅。

二〇〇四年隨著國際局勢穩定，消費者物價年增率應可隨著國內需求轉強的情況下轉負爲正，不過失業率仍可能高達4.5%。中經院景氣展望中心主任表示，台灣有結構性失業問題，已不可能再回到低失業率時期。現階段政府的解決失業政策都是短期的，對長期的結構扭轉並沒有幫助。台灣必須發展服務業，尤其是旅遊服務業，只有當服務業強大到足以塡補製造業消失的工作機會時，失業率才會下降，否則失業率將持續攀升，甚至遠遠超出5%。

對雙率的看法，目前國內利率水準雖已觸底，且國內外景氣均已展露出復甦跡象，惟因國內金融體系資金情勢依然寬鬆，因此我們認爲，未來一年國內短期利率仍將在低檔盤旋。至於匯率，儘管外資持續匯入，大舉買超台股之動作，短期內將不會有任何改變，且國際美元亦將因美國經常帳與財政雙赤字的惡化而向下修正，使得未來新台幣升值壓力頗爲沉重，不過在國內景氣未大幅回升之前，預料央行的

匯率政策仍將傾向相對貶值，因此，新台幣升值空間將相當有限，只能繼續維持緩升的走勢。

在投資方面，台灣的出口成長倚賴美國的需求。不過在網路科技泡沫化之後，供過於求的情況還存在，即使情況好轉，也不太可能再出現一九九〇年代初期，民間部門多年高達二至三成的高速投資成長情況。在財政赤字問題上，由於台灣的稅率超低，稅收不足可能使政府在進行建設時苦無經費，以致無法擴大支出，恢復財政紀律仍是值得重視的問題。

雖然目前國內外經濟局勢一片看好，穩健復甦，但國際美元匯價的走勢、通貨緊縮（膨脹）的潛在威脅，以及國內藍綠的互鬥等，都使國內外經濟情勢充滿變數。假設全球經濟成長力道強勁，貿易往來更加順暢熱絡，國內政經環境以及兩岸關係平和進展，廠商投資信心恢復，則二〇〇四年台灣經濟成長率將由基準預測的4.26％上升，突破5％關卡。

第二章　全球化與全球運籌

人力、物品、資金、資訊，乃至於犯罪集團，最近如SARS與禽流感的傳染，都已開始出現無國界的全球化。而全球化是近二十年來國際經濟上一個顯著又重要的現象。在科技進步一日萬里與各國紛紛採取自由化措施的潮流下，全球經濟結構因之改變，阻礙金融、貨物、人員、資訊流通的藩籬逐漸消失，貿易與金融商品在國際間流動的數量因而快速增加。

伴隨著此自由流通效果而來的，卻是十分複雜的經濟、政治、文化，與社會現象。歐洲單一市場的整合可提供我們一個全球化後的理想圖像，然而與歐洲整合不同，參與全球性的整合的國家具有不同的經濟發展程度、文化，與政治體，其所產生的矛盾與衝突將大大超越歐洲整合時所遭遇的難題。

有鑑於運籌活動在全球化供應鍊趨勢中扮演的重要性，而每一件產品總售價的

10%～15%均與運籌有關，可見運籌所涉及之附加價值甚大。台灣應善用既有優越的地理位置及製造業相關的優勢，儘速進行法規的修正，以清除各項障礙，並協助企業以台灣作為全球運籌管理之總部，維持台灣整體之競爭優勢。

第一節 全球化分工的趨勢

全球化在經濟上所帶來的影響主要有：

一、對經濟生活方面產生的壓力，此壓力特別反映在貨物、金融商品價格與利率上。

二、增加全球經濟的快速流通性，對經濟危機或繁榮產生擴大與加速的效果。

三、全球化使得全球市場的規模擴大。

四、全球化對不同國家或企業帶來不同的成本與利得。

一般而言，歐美先進國家是全球化的最大受益者，其他開發中國家則較易受到來自全球化的威脅。就經濟發展史而言，經濟全球化可以說是資本主義發展的另一個階段。因此，弱肉強食自然也是經濟全球化的另一個寫照。然而，在參與全球化的同時，每一個強權仍不忘架構自己的區域經濟體，作爲自己經濟發展的腹地，或是必要的避難所，來因應全球化可能的衝突。

◎全球分工體系之形成

全球化這個詞彙大約在一九七〇年代中期出現，此後雖然財經界對此屢有討論，但多限於學術圈，並不算普及。但進入九〇年代後，這個詞彙取得了絕對的優勢，不僅學術界爭論不休，政治人物與企業菁英均開始使用這個觀念，並透過各種方式，迅速烙印到人們的生活之中。不論我們喜不喜歡，都必須接受，全球化是一個「事實」，更是一股「潮流」。

自由貿易進一步帶動企業生產具有競爭力之商品，及貼近市場迅速掌握市場資訊的需求，生產體系逐步擴及全球，而全球分工體系則遂爾形成。

由於全球化促成國際分工專業化，強調運用相同基礎技術，擴大應用範圍的「範

圍經濟」（Economy of Scope），已成為掌握產品優勢、生產力，及進入市場時機之要因策略，特別是透過購併、企業合併、契約生產，或將工作外包等水平整合方式，以形成供應鏈體系，使企業得以全力發展核心價值工作，此一發展，一方面增加以零組件或組裝為主的生產商或中小企業與跨國企業合作的機會，另一方面也增加對零組件或組裝廠商運籌管理能力與效率的要求，特別是零組件或組裝廠商的組織運作，能否具有與跨國企業形成供應鏈聯結，將影響其合作成效。

根據一九九五年聯合國世界投資報告，一項針對全球前一百一十大跨國工業公司的調查研究顯示，「跨國企業競爭力來源」與「全球化」最為顯著，其中「國際競爭的刺激」、「與國外廠商的商業聯繫」以及「自然資源與基層勞力」三者尤為重要，而且其重要性大於內部管理與資產諸因素。此顯示國際分工體系之形成實際上有助於提升企業的競爭力，全球分工體系的形成，使得國際間的對外直接投資（FDI）扶搖直上。

二十一世紀將是全球化、科技發展與綠色環保改革三股力量加速交流、衝擊的時代，全球人員、貨物、資金、資訊突破藩籬，快速流通整合，無國界的經濟地球村已形成。產業和科技發展的全球化，使廠商須全球整合卻又能因地回應。對此，除了必須形成技術發展網路與對製造及行銷的技術支援網路外，也必須形成產品發展網路，以強化跨國技術資源和市場資訊的連繫，即時推動全球創新。因此，零組件或組裝廠商也將逐漸被要求，需要有組件與次系統的設計能力，具有快速開發產品與符合高品質、高可靠度要求的能力。

為了尋求更便宜的勞動力以及更有利的投資條件，資本在世界各地不停地流竄，帶來既有世界結構的重大變化。這一次轉變較之百餘年前的西歐化、現代化來得更深更廣，全世界幾乎沒有任何一個角落，能夠躲過這一波全球化的壓力。除了國內市場的全面開放，每一個國家都必須在自由化的壓力下，力求經濟體質的改善，面對一個又一個難題的考驗。

在未來全球化程度將持續深化的同時，企業與企業的跨國分工合作與投資模式將決定產業的競爭力；政府角色應在於刺激國家的創新活力，撤除阻礙全球化的管

制措施，調整國家資源去適應全球分工體系，而不宜與之對抗。

◎全球生產與資本的重組及危機

全球生產重組始於一九六〇年代左右。經濟全球化的潮流之下，全球分工體系的形成，實際上有助於提升企業的競爭力。當時歐美等先進國家因國內勞工成本過高，遂將低技術層次的生產移往國外。其移出的方式有二，一是直接投資（FDI）於低勞動成本的國家，將生產線外移。另一是與低勞動成本國家的廠商合作，進行所謂代工生產。東亞四小龍算是此次生產重組的首要受益者。

第二次重要的生產重組發生於一九八〇年代，資本主義體系面臨結構性危機，利潤率下降，因此產生了重組的壓力。此時全球越來越多的國家願意開放FDI進入及參與國際代工生產，這些國家以中國、東南亞及中南美洲的國家爲主。由於此次的重組使得國際間的分工型態逐漸走向全球分工（global division of labor），也爲全球代工及低階產品市場引進許多新的競爭者。這些新的競爭者因擁有更低的勞動成本，造成對原先市場的佔有者如台灣與韓國很大的壓力。於是這些國家的生產者也開始了外移的動作，留下來的業者則更進一步在全球分工中扮演著上層與下層間的中介角色，使得全球分工更加精緻化。

然而，這樣的全球生產重組將帶來那些經濟危機？首先，對於全球分工的中層國家例如台灣與韓國而言，造成產業出走與產業被迫轉型的壓力，低階勞工的失業增加，出現某種程度的社會危機。其次，由於願意接受FDI的國家增多，增加了跨國企業的議價能力，使得它在對地主國的談判上佔盡優勢，而能以優厚的條件進入。如此一來，一些跨國公司對地主國負面的影響將較易顯現。第三，全球代工生產與FDI盛行，使得許多開發中國家的經濟命運繫於少數幾個跨國公司的手中。如果這些公司營運不善或將訂單轉移，將對這些國家的經濟造成立即的影響。

這一波的國際分工（爲「新國際分工」理論崛起），把世界每一個角落都捲進入資本主義的生產關係之中，促成了新的經濟整合與產業組織模式。在新的國際分工架構下，跨國企業的力量大幅膨脹，把生產分散到開發中國家，許多後進國依次

建立起勞力密集的出口導向經濟，把自己鑲嵌進「全球供應鏈」、「全球裝配線」之中。另一方面，外國直接投資與國際性的併購、接管大幅度增加，也都讓跨國公司的權力越來越集中，目前掌握了百分之七十以上的國際貿易。因此，可以將之定位爲「生產的分散化、權力的集中化」。

另一個在危機中顯現出來的全球化現象是，全球化使得供給各國實質部門發展的資金不再侷限於國內金融部門，許多企業可以在國內資金與國外資金間自由選擇。例如韓國企業於九〇年代大量向國際金融市場借貸，其原因之一即是國內金融市場利率過高，此一現象影響了韓國在危機中的表現。當危機由金融部門開始影響實質部門時，首先發生問題的是外債部分。由於國外金融機構的催討及對韓國經濟普遍失去信心，一些外債較高的企業無法再向國外金融機構周轉，所以必須求助於國內金融機構；但是韓國國內金融機構不良債比例過高而無法提供援助，在此情形下，一些高財務槓桿但產業前景良好的公司亦紛紛倒閉。

在全球化下，企業的營運風險與不確定性增高，這些風險與不確定性非各國政府所能獨立控管的。政府不但對金融與貨物的流動越來越難以控制，就連對本國公司運作也越來越無法規範，此一情形凸顯了國際組織與規範的重要。但是一個有趣的現象是，儘管各國皆同意國際規範的重要，但對於規範的內容爲何卻有著不同的意見。這些不同的意見因現有國家體系的存在，很難達成一致的協議。這說明了雖然全球化使得國與國之間的相似性增高並減弱了國家的重要性，但在全球化過程中的某些現象仍然顯示國家與國家間差異性的重要。

◎全球化之經貿與金融關係

二次世界大戰後，全球經濟快速發展，貿易全球化使得企業紛紛向外拓展版圖。爲打破各國之間的貿易障礙，各種區域與國際的經濟組織如歐盟、北美自由貿易區，亞太經合會等開始形成；全球貿易總額由一九八〇年起至今平均每年增加6.73％。由於對外貿易成長速度超過經濟成長速度，使得全球的貿易依存度（進出口貿易總額／GDP）由一九八〇年的28％，上升至一九九〇年的39％，再上升到二〇〇二年的

52％，此種對外貿易依存度明顯上升的趨勢，幾乎存在於世界上所有的主要國家。

全球化貿易與全球生產重組息息相關，茲因全球貿易有很大部分是所謂跨國企業內部（**intra-firm**）貿易。然而，不論如何，全球化的貿易使得全球競爭更爲激烈。在全球化下，一項有競爭力的產品可贏得較大的市場並獲得更高的回饋，廠商因而有更強的動機去改良產品、提高競爭力。反之，以往靠保護措施而存活的產業將因市場開放而無法繼續生存，因此將造成其國內部分勞工的失業。此貿易全球化所帶來的首要危機是對缺乏全球競爭力的廠商與勞工所造成的衝擊，如果在一個國家中，這些廠商與勞工佔有重要地位，那麼全國性的經濟危機將會發生。

其次，貿易全球化使得更多國家的經濟發展依賴外貿，特別是對出口的依賴，此一依賴將提高經濟體的脆弱性。由於國家對出口的依賴，使得主要的進口市場，例如美國，成爲它們的經濟命脈。因此這些主要進口市場的消費能力將會影響爲數不少的出口國家的經濟發展。此外，貿易全球化將增加國外產品大量傾銷進入國內市場的機會，而造成國內經濟秩序的混亂。

蘇聯與東歐陣營的解體，更是經濟全球化的一大決定性因素。民主化與自由化成為全球共通的趨勢，資本主義的「國際經濟大循環」儼然成為全世界的眞理，地球上的任何國家都被迫加入這個世界市場。面對這個強勢的經濟大循環，如無妥善應對的話，將產生全球化的「中毒症狀」，造成經濟崩潰甚至國家財政破產的下場。

有許多論者認為，全球化是導致一九九七年的危機發生的因素之一，基本上是正確的。如果泰國的金融危機發生在三十年前，其深度與廣度將都不會像一九九七年般的嚴重。就泰國本身的金融危機而言，危機前泰國金融市場大量外資進入為全球化的現象之一，如果沒有此一條件，泰國的金融危機將不會以這種型態出現。此外，金融危機由泰國迅速擴展到鄰近國家，此一驚人速度正是金融全球化的展現與延伸。

儘管一九九七年的金融危機與全球化息息相關，但少有學者眞正探討分析其間的相關性。事實上全球化只是一九九七年金融危機的必要條件而非充分條件。全球化只是導致各國的金融市場的連動性增高，它可迅速傳播危機也可迅速傳播繁榮。

至於所傳播的是危機抑或繁榮則取決於其他因素，如經濟體不過大等。

一九九七年的另一個有趣的現象是，危機由泰國開始，先東行，後再轉北行。為什麼危機會以此一路徑前進？這又涉及全球化的另一現象－全球化的不均匀。雖然全球化使得全球經濟愈加整合，但其整合的程度呈現不均勻的現象。亦即，某些國家間的整合與連動要比其他國家為強。此案例上，東亞國家與其他東亞國家的經濟整合與連動程度要比與其他非東亞國家（例如印度）為強，因此危機選擇了東行而非西行。

儘管危機在東亞國家間發生，但在危機中所撤出的擁有資金者卻遠在太平洋的另一端。索羅斯旗下的各種基金不需在各國設立分公司，即可直接進入東亞各國而影響各國的金融市場。儘管說各國金融體系的不健全才是引起危機的主因，但是這些投機資金的突然大量進入或撤出，對一個小型經濟體而言，不論其金融體系有多健全，都會造成一定程度的影響。因此相較於大型國家，一個小型經濟體在全球化下無法掌控自己的命運，而人民的福祉也並非全由當地人民所能決定。

◎全球化台灣發展之策略

在歐元逐步凝聚歐洲聯盟意識，東亞地區因經歷金融危機體認區域合作必要的同時，台灣卻面臨產業轉型瓶頸及國內投資環境惡化的隱憂，未來種種挑戰是危機還是轉機，端看政策如何因應。唯有正視問題所在，重新思考台灣的定位和出路，才可能有所發展。

兩岸加入WTO後，台灣與大陸融入全球經濟體系的腳步勢必更加快速。大陸擁有豐富的自然資源與廣大內需市場，無論就貼近市場或尋找具有競爭力的生產要素而言，大陸均是台灣企業拓展版圖的重要選擇，更不要說兩岸尚有語言相通的優勢。

大陸在近幾年傾全國之力發展經濟，已成爲全球最大且最具潛力之市場，未來更有可能主導東亞區域經濟整合，成爲繼歐盟之後具備與北美共同市場相抗衡實力之經濟體；因此世界各重量級企業莫不爭先進入以取得先機，而大上海區更是各國

高科技企業落腳大陸的最重要據點。

由於中國角色的變遷，使得國際分工體系重新建構，台灣以往之優勢也已開始鬆動，企業所面臨的國際競爭亦趨劇烈。面對此一局勢，政府必須立即正視國際分工體系逐漸成形的事實，積極維持並進而提升台灣在全球供需體系之優勢，以「中國與台灣均身處全球」的觀點替代以往僅考量「兩岸關係」的論調，以全球佈局的新思維重新檢視產業赴中國的投資。若能把握兩岸進入 WTO 的時機，對內促進產業轉型，對外建構台灣成爲亞洲甚至全球運籌中心，積極塑造兩岸雙贏氣氛，則不僅兩岸僵局可能有所突破，台灣也可在區域統合的趨勢中找到施力點。

台灣如何掌握世界潮流與發展契機，並大力興革，找出最大利基之處，充分發揮台灣地理區位及廠商優勢部位，與國際採購接軌，突破內在制限，乃是現階段台灣面臨的最大課題。在全球運籌帷幄管理，政府於一九九九年七月八日，提出未來四年亞太營運中心的政策方向，轉向全球運籌管理中心體系發展，並致力於解決不合時宜的相關法令規章、土地取得、人才培育等基礎建設問題，以協助廠商朝更自由化與國際化發展。政府應善用以及台灣得天獨厚的地理位置與製造業既有之優勢，一方面建構便利的交通運輸系統，另一方面在運籌管理系統，應達到效率化、精確化與即時化的水準。在此基礎上，政府應致力整合，協助國內外企業以台灣作爲「全球運籌管理」之據點，發展台灣爲兼具研發、行銷、資金調度等完善功能的「全球運籌管理中心」。

全球運籌管理中心的成功關鍵之一，在繫於兩岸關係之改善，政府應落實經發會的結論，儘速推動兩岸貨物直航，一方面減緩台灣原物料及零配件廠商被迫外移的現況，另一方面航運的暢通有助於凸顯台灣在兩岸三地中的樞紐地位，積極吸引國內及國際企業在台灣設置全球運籌總部，鼓勵並協助其與台商進軍全球，避免台灣在全球佈局中被邊陲化。

第二節　全球運籌發展與管理

隨著全球化與資訊數位時代的發展，企業在產品的研發、量產、上市進而運送，

已到了以小時爲計算單位。多數資訊產品在市場上的生命週期由兩年縮短至三個月內，產品價格也多呈現等比級數下降；過去跨國企業內部需三至五天才得以傳遞之訊息，已可在數秒內完成，消費者亦可經由網路訂製產品，且要求以最快速送達指定地點。企業產銷及配送制度面臨顛覆性變革，以致跨國企業需於海外據點建構生產及配銷體系、建立全球資訊情報系統、靈活運用當地資源，並進行地區性整合與調度之經營方式已呈必然趨勢，此迫使企業對發展「全球運籌管理中心」的需求日益殷盼。

目前世界著名科技公司如 DELL、IBM、COMPAQ，及台灣的宏碁集團，均已採取此一模式運作，並獲得極大的成功，普遍能將百分之百的商品，在客戶下單的二天之內交到消費者手中。此一「1002」觀念推而廣之，運用到國家經濟發上，只要能夠貫徹執行，則資源運用效率得以充分發揮，必能大幅增進國家競爭力。

企業在執行全球運籌管理時，如果能確實注意到運籌管理的精髓，並發揮完善的全球運籌體系，使企業的運作成爲「全球日不落公司」，無論何時，在世界的某一角，都有企業的員工在爲顧客提供即時服務。也就是，無論何時，在世界的某一角，企業都有利潤的產生。

◎全球運籌環境之形成

「全球運籌」的釋義是：企業爲因應全球化之趨勢，以「營運總部」之概念，運用通訊與資訊科技，驅動物流機制，整合區域與全球資源，並強化核心能力，形成一堅實的供應體系，用以快速生產、及時交貨，並分享衍生的資訊情報，滿足顧客需求、創造價值的一種經營模式。

全球運籌管理：係指以多國規劃並執行企業運籌管理活動，透過交換過程，以提高顧客滿意程度和服務水準，並降低成本，以增加市場競爭力，進而達成企業之利潤目標。「全球運籌管理中心」係二十世紀末亞洲金融風暴之後，在國際企業經營管理理論壇興起的嶄新概念，主要意義是透過物流、資訊流、商流及資金流的整合，將產品的訂購、製造、銷售與存貨管理做最佳的組合，藉此提升企業在全球化營運

的總體績效。

其中運籌管理的定義，從字面上最早是用在軍隊的補給、運輸和屯駐有關的軍事後勤支援的概念。但就企業經營活動層面而言：「即根據美國物流協會之定義，全球運籌係爲一廣義物流，涵蓋範圍始自原料取得經設計生產、行銷至售後服務、後勤補給、庫存管理等具效率及成本效益之流程，藉整合商流、物流、資訊流及金流等作業體系，透過供應鍊的管理，達到及時之交貨服務，確立企業競爭優勢地位。」以政府的層面而言：「發展全球運籌管理可提高國內生產毛額，增加就業機會，提升國內在產業之經濟地位，具體做法即在於協助一切進行跨區域性之資源整合，訂定符合國際慣例及潮流之規章，給予在國內從事運籌管理之企業，能夠達到及時又準時交貨予各國客戶之優勢地位。」

發展全球運籌管理的經營模式，原科、人工、技術、儲運和配銷，分別在不同國家進行，但緊密串聯，每一階段都可以追求低廉而又有效率的的提供，然後安排最佳路徑達成整體營運、及時管理的效果，此即經濟學上最適資源配置的狀態。由於運籌管理係從需求預測、物料的採購到貨物送達顧客，與最終的售後服務等一系列的商業活動，運用整體系統的方法，予以綜合管理，在以提高顧客服務，降低成本及增進企業最大利潤。

事實上，自從人類開始從事商業交易與交換活動起，即存在著運籌管理的需求，直到二十世紀初期，人們才開始注意運籌管理問題，但由於當時運籌活動著重於運輸和倉儲等作業，因而常被學者視爲是一種「實體分配」作業，Fred E‧Clark強調：「在其他相同條件下，若廠商以最低成本運送原料、設備和製品，則便能以最低價格賣出商品，並獲得最大利潤。」

因此，全球運籌管理的內涵是：企業全球化經營活動中，從原料的購置開始，直到將產品送達顧客手中的一系列活動。其中，資訊、運輸、存貨控制、倉儲、區位決策和包裝、搬運等，每一個功能活動，都可視爲全球運籌管理系統中的子系統，而物料、商品、服務和相關資訊的流程，無疑是運籌管理核心。

◎全球化與全球運籌

隨著全球性金融風暴的強烈衝擊，及歐洲單一貨幣的正式實施，可以感受到「經濟國界」越來越模糊，全球經濟的連動性也越來越高，企業勢必在全球化、無國界的舞台中競逐。「全球化」的意義並不單指企業跨國銷售、採購，或者是成爲一個成功的進出口商，而是更進一步地指企業具有高協調度的國際運作流程，也就是企業能將分散在全球各地的貨物、資訊、財務及工作程序四項營運機能，沒有落差的串聯起來，使其相互運作、流通順暢，而「全球運籌」是達到全球化經營的十全大補丸。

簡言之，「全球運籌」就是要打破地理疆界，瞭解優勢供應鏈何在，將最有利於顧客與公司的供應鏈組合起來。例如傳統行業的李維公司（Levi's），其優勢之一在於完善的供應鏈，在美國北卡羅來納州買粗棉布，送到法國縫製成牛仔褲，在比利時預洗，在德國販賣，而廣告片則在英國拍攝。對李維公司而言，這樣的供應鏈組合，能為顧客與公司帶來最大的效益。

由於全球化浪潮蜂擁而至，更突顯了全球運籌的重要性。面對此浪潮，製造商不僅要縮短交期，還要即時供貨，製造商在被擠壓之下，勢必運用全球運籌的機制，以契合低成本、低庫存、快速反應的要求，方可在「春秋戰國時代」的全球經濟混沌中，佔有一席之地。

二十一世紀的生產製造，將會是設計、服務及全球供應緊密相連的模式，顧客的訂貨需求也會呈現及時性的新型態，即要求合作的供應廠商，能夠做到快速回應（Quick Response）和及時性（Just-in Time）的服務。企業在面對眾多的競爭者及市場機會稍縱即逝的情況，時間就是機會、金錢與利潤，因此「速度」將是企業放眼世界的關鍵成功因素，而良好的「全球運籌管理」則是打開此門的金鑰匙。

做好全球運籌管理，是企業加速建立競爭力及成為全球化企業的核心技能力，但在執行全球運籌時，會遭遇一些不可控制的變數，左右了企業全球運籌的績效，不可控制的因素有地理環境、社會文化、政治法律、經濟、競爭等，對於不可控制

的因素，企業該盡力尋求其他方法補助。而可控制的因素如：顧客服務、倉儲、庫存、運輸、包裝等，是企業的利基所在，因此對於可控制的因素，企業應盡全力做好管理，並且注意以下幾項全球運籌規劃與管理的重點：

一、及時性。
二、生產的需求預測及規劃。
三、差異化供應鏈。
四、運用產品及通路管理。
五、存貨管理。
六、策略聯盟。
七、資訊系統的整合能力。
八、思考全球化、建構地域化、操作當地化。

◎全球運籌台灣面臨的挑戰

一九八〇年代中期以後，由於台幣升值、土地與勞動成本上揚等國內經營環境轉變，勞力密集產業迅速外移，以及近年來海外投資或赴中國投資企業朝技術密集產業發展，更使台灣企業具備全球運籌活動的型態。

基本上，產業的出口或海外市場拓展，即屬於全球運籌活動的雛型。對企業而言，爲因應「以時間爲基礎的競爭」經營環境，除了必須重視物流系統與運銷流程的規劃，運用電子資料交換(EDI)，更須緊密連結上下游的供需關係，降低企業的交易成本。對政府而言，「全球運籌管理中心」的推動方向，一方面是積極推動亞太營運中心計劃，調整總體經濟結構與體質，以建置適合跨國企業來台投資環境，並使台灣在國際經濟轉型的趨勢中可免於被邊陲化。

台灣企業在從事全球運籌管理時，面對下列的挑戰：

一、在網際網路影響整個供應鏈和價值鏈的趨勢下，有愈來愈多的國際廠商透過Internet，建立供應商網路（Supplier Network)，將供應商連接在一起，以進行採購、品質管理、生產、研發、推銷、顧客服務等方面的合作。利用資訊科技，提高

公司的營運效率，並逐步將成本及風險轉嫁供應商。在此趨勢下，台商所接的訂單，批量小，次數密，交貨期愈來愈短，部分零售業更要求供應商的電腦與其存貨及銷售管理系統，通過 **EDI** 連線，提高彼此之間互動的速度，此趨勢將對傳統貿易商，以及未構建企業間電子商務的廠商造成衝擊。

二、隨著 **B2B** 成爲電子商務的主流，全球各產業將逐漸形成垂直模式的電子商務交易市場，該等市場除了交易功能外，亦具有資訊分享和市場資訊透明化的功能。由於該類市場有被國際大廠或主要通路商掌握之趨勢，將迫使台灣產業必須以合作或結盟方式，積極參與該類市場，否則將喪失進入市場的機會。

三、面對全球化、數位化與快速化的競爭壓力，產品價格普遍下降，將對國內廠商的運籌管理能力帶來挑戰。由於廠商面臨愈來愈大的降價壓力，廠商除了必須更積極的尋求降低運籌管理成本的策略外，也將使得廠商在價格壓力與成本節約的考量下，不得不尋求前往接近市場之低成本區投資。

四、快速化的數位經濟時代使企業必須在技術與管理技能上做更大變革，如導入Internet技術、建立企業內部網路(Intranet)、虛擬組織或團隊等。

五、面對快速化的數位經濟時代趨勢，政府應規劃推動台灣朝向「全球運籌管理中心」的方向發展，以爭取跨國企業來台設立全球運籌管理據點。唯目前企業從事物流作業仍面臨貨櫃於不同關區通關限制，整合跨關區關務作業、同一關區不同碼頭間押運限制等通關程序，以及貨品檢驗程序上的限制。

六、亞太地區各國，包括香港、新加坡、韓國、馬來西亞、中國大陸等均積極建新機場與港口設施，推動物流作業自動化工作。我國雖然積極規劃朝向「全球運籌管理中心」的發展方向，但台灣國際港埠仍存在經營型態爲行政效率較僵化的公營單位等瓶頸，經營競爭力較香港、新加坡薄弱，若非克服港埠經營體制上的限制，將無法與香港、新加坡、中國大陸競爭，進而影響運籌效率。

七、由於台商對外投資以投資中國大陸的比率最高，企業全球運籌管理活動涉及兩岸貿易與運輸，若兩岸貨物直接三通可減少透過香港轉口的費用，降低廠商運輸成本與時效，對已在中國投資的台商將有降低營運成本、節省時間的效益，對促

進兩岸產業分工與企業全球運籌管理，提高產品競爭力大有好處。

然而由於中國大陸強調台灣必須遵守「一個中國」原則，作爲兩岸協商的基礎，已使得兩岸直接通航的協商難以在短期內有所進展，均將影響企業兩岸與全球運籌管理的佈局，進而影響「全球運籌管理中心」的實現。

第三節 奠定台灣成爲全球運籌管理中心

雖然台灣在某些條件上，例如生產成本及市場規模方面，相對於亞太地區一些國家，並不具絕對優勢。然而，台灣地理上處於歐美與亞太地區連接之橋樑地位，具有海、空轉運便利之優勢，與新加坡、香港和上海等重要鄰近港口相較，台灣與亞太地區主要港口及西太平洋主要城市間之平均航行時間最短，且台灣擁有強大的製造能力，又有高科技產業技術與研發能力，能適時配合部分租稅優惠，如再結合自由貿易港之功能設計，將上述優勢結合，當可創造物流轉運之利基，充分提升台灣之國際競爭力，實現「全球運籌管理中心」之政策目標，爲台灣帶來更多商機。

政府責經建會負責協調各部會積極推動「全球運籌發展計劃」，期望透過全面自由化、國際化的措施，吸引、並鼓勵本國及外國跨國企業，以台灣為據點，從事投資、研發、經營運籌管理全球市場，同時發展與各成員間全方位的經貿關係，充分發揮優勢的地理位置，使台灣成為全球經濟活動樞紐的中心。

◎政府面對全球運籌管理的策略

為因應全球化、數位化與快速化時代的挑戰，企業能縮短貨物運送時間、提升產業競爭力等，政府的全球運籌管理策略應包括：

一、為維持台灣在國際市場的競爭力，政府應正視電子商務對台灣國際貿易的影響，特別是B2B電子市場對台灣產業所可能形成的進入障礙與價格競爭效果。輔導國內具有國際競爭力的產業與國際大廠，以合作或策略聯盟進入市場。

二、隨著線上貿易佔國際貿易比重日增，主要貿易國均積極發展國際貿易入口網站。對此趨勢，我國外貿協會亦已成立Cetra Net，政府除了應繼續鼓勵企業運用

該網站外，也應整合Cetra Net與各主要產業網站或資料庫，以增加廠商線上採購與行銷之機會。

三、對大部分無法負擔在海外設辦事處拓展業務的中小企業而言，網際網路可幫其接觸海外客戶，而無須付出龐大的銷售及市場推廣費用。因此，政府應積極推動電子商務貿易，以介紹各種台灣產品和廠商，並利用搜索器便利國外客戶查詢，使其可隨時與相關企業取得聯繫，甚至於運用網路進行貿易洽談，進而達成交易。

四、政府應針對發展電子商務的關鍵性、共通性技術加以發展或提出解決方案。並制訂相關交易標準，因應未來虛擬企業衍生的法制及商業活動，以克服技術面的問題及建立全球運籌所需之電子商務機制。

五、「運籌中心」也應和「工業園區」相互整合，以適應快速的全球競爭與物流作業需求。對於過去業者在資訊整合方面所面臨之瓶頸，也應一方面改善既有的電信網路系統，便捷資訊傳遞，一方面積極發展電子商務，並協助企業強化物流系統整合能力，以增進企業訂單處理、貨物運送及存貨管理的效率，方能在講究速度與資訊的新世紀國際競賽中，提升國家的整體競爭力。

六、由於「物流中心貨物通關辦法」規定物流中心資本額限制在三億元以上，主要是考量物流中心從事全球物流業務，應具備一定規模。但對中小企業卻形成過高的門檻，政府除了考量降低資本額限制外，也應協助中小企業整合共同投入全球物流業務。

七、發展全球運籌中心具有增加境外航運中心附加價值，促進兩岸經貿關係的功能。依據現行境外航運中心設置作業辦法規定，境外航運中心貨物，係以不通關、不入境方式，從事中國地區輸往第三地或第三地輸往中國地區貨物的轉運，及與轉運作業相關的簡單加工。

有鑑於此，政府於二〇〇三年七月三日通過「自由貿易港區設置管理條例」的設置，可自中國進口原料或半成品等，經改裝、重整及加裝等簡易加工為半成品或成品，提高附加價值後再轉運出口。而其「自由貿易港區」的施行細則應儘速立法通過，俾利實際運作。

◎新加坡推動全球運籌中心之借鏡

新加坡政府深切體認其地理位置不如他國之劣勢。然而，一直致力推動國際化、自由化，並以全球中心(Global Hub)的角色自居，其策略明確且深具前瞻性，實值得我們推動「全球運籌管理中心」的借鏡。

一、新加坡經濟發展及運籌規劃：

星國政府一直將經濟發展策略定位在與國際接軌及全球中心的角色上，以此爲目標，致力中小企業之發展、進行基礎建設之建置、加強發展高附加價值之知識導向製造業與服務業，並全力發展第三方運籌(3PL)、電子配銷及化學運籌等，期許於二〇一〇年成爲亞洲整合型運籌中心之首。

其運籌相關政策提供新加坡運籌業者一具有競爭力及成本效益之全方位經營環境，並明列六大策略：

1. 建造運輸國際標準之基礎設施。

2.營造一個有益於IT作業之環境及培養使用資訊之能力。

3.強化運籌作業之整合能力。

4.吸引業者來此進行運籌相關活動。

5.培養世界級之專業人才。

6.排除市場進入之障礙，加速國際化之推動。

二、星國推動之效益：

新加坡政府推動全球運籌中心之策略應可稱「順應潮流、洞燭機先」。一方面進行制度面之改革，並積極建造物流園區及運輸相關設施，一方面營造適合業者生存之經營環境，政府所推動之系列計劃或方案，均是以資訊電信、電子商務爲主幹，以客戶需求爲中心，建構客戶與業者持續互蒙其利之關係，致力排除運輸、電訊及金融等相關障礙，朝 e-logistics hub 的方向前進。

以新加坡於一九六九年設立「自由貿易區」至一九九七年推動 LEAP 計劃作爲檢視其運籌計劃的基期，參酌若干與運籌活動相關之重要數據，另並參考瑞士洛桑

管理學院IMD國家競爭力評比報告中與運籌活動相關之評比項目可以發現：新加坡海運貨物吞吐量三十年成長七百四十倍，空運貨物總值成長一百三十三倍，地勤作業時間較原先節省一倍的時間，物流配送系統效率全球第一，電子商務排名亞洲第一、世界第五，海運及資訊科技等相關之設備及服務均已完全符合企業之需求。

因此，若就其各方面指標來看，無論是在可量化或不可量化部分的成績，在亞太地區，在此時之前，似無其他國家能出其右。

三、歸納可供我國借鏡之處：

由地理位置而言，新加坡地處麻六甲海峽東南端，北鄰馬來西亞而接印尼，其在東南亞地理位置上並未具任何優勢地位，以運輸時間之快捷性來看，遠落後於台灣、香港、馬尼拉之後。

依亞太七大主要城市彼此相互飛行平均時間比較如下：

城市	台灣	香港	上海	馬尼拉	漢城	東京	新加坡
飛行小時	2.55	3.05	3.25	4.0	4.15	4.25	4.55

星國政府深切認知其地理位置不如人之劣勢，且缺乏天然資源、國內市場又小，故該國之產業政策重點一直著重於吸引外來投資、外來人才及創造有利外人經營之環境等來發展星國經濟，近幾年更致力成為全球經貿營運中心，且在國際市場主打品牌「Singapore」（Selling the brand called 'Singapore'）。

從新加坡政府在運籌政策制定及整體推動策略方面來觀察，確有值得我們發展運籌中心參考之處，茲將其重點分析如下：

1.定位明確：星國在七〇年代初期即明確定位在全球經貿活動中所扮演的角色，自此以後，各部會或單位所推動立政策及措施，如「全球貿易商業中心計劃」、「LEAP」、「Industry 21」等均以滿足國際人士及投資者之需求，即以「自由化、國際化」為核心，藉由法規鬆綁、流程簡化、同國民待遇等做法全力衝刺。

2.提早推動通關自動化，提升物流效率：新加坡政府較亞太諸國提早體認到全球運籌之競爭優勢除在於全球價值鍊的有效整合，即物流與電子商務項目上緊密結合外，政府的通關效率至爲關鍵。故積極改善港務作業程序，並優先採用EDI、TradeNet等系統，將繁雜的通關業務系統化，提升物流通關效率。

3.不斷引進先進科技，提升效率，降低成本：政府單位或民間均積極引進各種科技，以提升效率，如LEAP委員會一開始即大力推動即時追蹤貨物系統、無線電波頻率辨識條碼（RFID tags）、虛擬倉儲管理系統（VWMS）等，港務局公司與民間業者分別合作開發航程追縱運輸系統（Vehicle Scheduling and Transportation System）及線上追蹤系統（internet-based Track and Trace），大幅降低行政管理成本。

4.招募跨國人才，同時培養國內運籌人才：爲成功吸引外商進駐，星政府一方面營造適合外國人衣、食、住、行、育、樂之友善環境，使教育、資訊、人員進出全面與國際接軌。另一方面，政府亦同時推動如Logistics Specialist Manpower Programme (LSMP)等人才培育計劃同步進行國內運籌人才養成。

5. 隨時注意亞太對手國經貿動態並提早進行卡位：星國政府每年均定期檢視亞太各競爭對手國經貿動態，並同時尋求投資合作機會。

總之，新加坡先天條件（如地理位置、天然資源等）雖未其帶來利基，但星國政府致力推動國際化、自由化，策略明確且具前瞻性，行政部門充分瞭解運用最新科技整合並縮短相關作業流程，並以滿足客戶需求爲導向等的施政重心，且不斷進行政策宣導，使民衆瞭解外資對星國的經濟貢獻，完全消弭推動國際化、自由化過程中所可能產生的社會內部摩擦，確已使其在全球運籌領域中遙遙領先其他國家。此時，我們政府刻正推動「全球運籌發展計劃」之際，如何有效整合各部門及民間力量，建構完善法制及基礎建設，新加坡之做法及策略實值得台灣有關當局作爲借鏡。

◎發展台灣成爲全球運籌管理中心

行政院核定之「挑戰二〇〇六：國家發展重點計畫」，其中第七大項「營運總

部計畫」的目標在於「投資全球運籌基礎建設，使台灣成爲台商及跨國企業設置區域營運總部的最佳地區」。此計劃分爲二大部分，在法制方面，研擬「自由貿易港區」及「獎勵企業營運總部」等方案；在基礎建設，推動建設海空聯港、無障礙通關及產業全球運籌電子化。而就規劃自由貿易港區計劃內容言，爲配合產業界全球運籌經營模式興起，及自由貿易港主導國際貿易流通等因素，延伸全球運籌發展計畫既有成果，並迎接亞太鄰近國家積極設置自由貿易港區之挑戰，自由貿易港區之設計將賦與單一之管理窗口，國際商務人士得在區內自由從事商務活動，並輔以最能發揮我國製造業優勢之深層次加工等功能。

自由貿易港之機會與挑戰

跨國營運活動的障礙，主要爲貿易管制法令的限制、額外增加的租稅負擔以及國與國間貨物流通的時效性問題。爲同時解決三大問題，國外發展出自由貿易港之觀念，劃設特定區域作爲開放度最高的經濟區，甚至將自由貿易港視爲境外之地，以特別立法排除國內原來將形成障礙之法令，尤其是關務行政和課稅領域防線的調整，另輔以儲運作業效率及深層次產製加值等功能，使自由貿易港麻雀雖小五臟俱全，滿足供應鏈之各種需求，成為主導國際間貿易之樞紐及集散、交易中心。

台灣地理上處於歐美與亞太地區連接之橋樑地位，具有海、空轉運便利之優勢，與亞太地區主要港口及西太平洋主要城市間之平均航行時間最短，且有高科技產業技術與研發能力，通關行政作業亦甚為進步，如再結合自由貿易港之功能設計，當可創造物流轉運之利基，充分提升台灣之國際競爭力，實現「全球運籌管理中心」之政策目標。

自由港區之規劃要旨及進度

「自由貿易港區設置管理條列」業經總統於二〇〇三年七月二十三日公佈施行。此條例對我國自由貿易港區之規劃構想，大致分述如下：

一、制定專法妥善管理：我國規劃之「自由貿易港區」，採「境內關外」的特殊區域，免關稅及營業稅的課徵，且允許廠商在區域內進行有限度的各種商業行為，對跨國企業經營者應極具吸引力。

二、港區協調委員會：行政院下成立一由相關部會組成之跨部會「自由港區協調委員會」，負責自由港區重要政策之擬定、審核自由港區申設案件、跨自由港區業務協調等相關事宜。

三、加速貨物流通效率：「自由貿易港區」之規劃設置將得以結合物流中心簡易通關效率，及加工區、科學園區深層加值優勢，俾利活絡國際機場、港口周邊範圍之營運效益。進入自由貿易港區內之物品，除有安全虞慮外，原則上得免審免驗進入自由港區從事加值作業。運入自由貿易港區內之物品，就港區事業所用貨物及機器設備之通關，原則上視同台灣領域外。

四、自由港區事業自主管理：自由貿易港區內事業之管理及其營業活動，將應符合港區管理機關所訂定之「自由貿易港區」作業規範，其設計將以高度的廠商自主管理制度，取代政府管理現制，降低政府實質介入程度，以使自由貿易港內之貨物及人力得以迅速流通，進而增加廠商進駐之意願。

五、便利國際（含中國大陸）商務人士進出自由貿易港區：為便利外籍商務人士進入自由貿易港區從事商務活動，簡化國際商務人士（包含中國大陸人士）之入境簽證申請程序。

六、妥善租稅措施提供誘因：爲配合自由貿易港區之運作，訂定妥善之租稅措施，提供充分之誘因，以吸引國內外廠商進駐自由貿易港區。

七、自由貿易港區之設置：自由貿易港區之設置區位係採申請制，未來包括於國際航空站、國際港口管制區域內，或毗鄰地區劃設管制範圍，或與國際航空站、國際港口管制區域間，能運用科技設施進行周延之貨況追蹤系統，並經行政院核定設置管制區域進行國內外商務活動之工業區、加工出口區、科學工業園區或其他區域，只要其地點、規模、營運管理制度及基礎設施等基本條件符合規定，都可依法定程序提出申請，經中央核定許可後採「自由貿易港區」營運模式，以提升作業效率與競爭力。

八、設置自由貿易港區之成本效益分析：

單位：新台幣百萬

項目　　年度	2002	2003	2004	2005	2006	2007
1.貿易創造						
出口	0	120,742	124,950	129,304	133,811	138,474
進口	0	82,207	85,072	88,037	91,105	94,280
2.產值增加效益	0	115,291	119,309	123,467	127,770	132,223
3.誘導投資效益	-	-	-	-	-	281,404
4.創造就業效益（單位：人）	-	-	-	-	-	169,359

資料來源：行政院經建會委託中華經濟研究院「營運總部計畫影響評估分析」（二〇〇二年十二月三十一日）

結論

雖然台灣在某些條件上，例如天然資源、生產成本及市場規模方面，相對於亞太地區一些國家，並不具絕對優勢。然台灣強大的製造能力，適時配合部分租稅優惠，並提供效率化的行政服務，藉由自由貿易港區的設置，將上述優勢結合，將使台灣的運籌條件更上層樓，並爲台灣帶來更多商機。

第三章　宏觀台灣發展史

台灣僅為蕞爾小島，歷史亦不長，卻奇蹟似地發展為今世最進步的國家之一。在政治上，於短短不到四百年內（一六二四年起），經歷了五個外來政權的高壓統治，倍嚐辛酸，誠為悲劇，然而近年來卻和平地產生第一個華人民主國（The first Chinese democracy），異數乎？在經濟上，它原本處於相當原始的自足型態，但自荷蘭人據台後，轉換成長迅速，如今已蛻變為工商繁榮的高科技國家之一，傲視全球。這段曲折歷史稱之為麻雀變鳳凰的故事，實不為過。在這近四百年的歷史中，台灣幾乎完全受到所謂民族國家情結、地緣政治、地緣經濟的左右，很難建構出一套獨特與超越的發展策略。生活在台灣，觀看周遭所發生的人與事、政治、經濟、社會上的一些現象，追本溯源，發現原來一切早就有脈絡可循。今日台灣經濟貿易的發達，自由民主的進步，原來是有其歷史的背景。

生長在這塊土地上的人，應先認識台灣的歷史，探索十六、十七世紀的福爾摩沙，才能瞭解今日台灣多元文化之匯聚，也就更能體會自由民主與經濟發展對台灣的重要意義了。吃台灣米、喝台灣水長大，身爲台灣的人，不可不知的台灣事。台灣人的歷史文化背景，台灣人有義務將它傳承下去。

第一節　台灣歷史定位與省思

多元性—多元文化的社會

海洋性—冒險奮鬥的精神

國際性—與四鄰關係密切

商業性—國際貿易的興盛

世界歷史上，希臘創造了古代海上文明典範的地中海移民國家，美國是創造了近代海上文明的大西洋移民國家，台灣則是世界歷史上晚起的太平洋移民島嶼，由於長期受外來政權奴役壓迫，是最後獲得自由的海上移民國家。台灣正處於成長的童年而非「成長的極限」。

然而至今，台灣的世界歷史地位，不但未被國際上充分認識，台灣人民也未必有充分的自我認識、自我認同。在二十一世紀的開端，世界正進入大變動的新歷史時代，應該如何再重新發現台灣的優勢？在一個全球化的時代，又應該如何再塑台灣的策略？以歷史爲鑑，可以知興替。回首過去，認識當今，預測未來。

◎台灣名稱由來

台灣在明初稱「小琉球」、「東番」等化外之地的名稱。西元一五四四年(明世宗嘉靖二十三年)，葡萄牙人初航台灣近海，以Formosa（美麗之島）來讚美台灣。此後歐美人士以「福爾摩沙」之名稱呼台灣。

「台灣」的名稱如何得來？在荷蘭人、漢人尚未移居台灣時，當時台灣平地的居民統稱係「平埔族」，如依地區分，則又有各種不同族群名。如宜蘭的平埔族稱「噶瑪蘭族」，台北地區的平埔族稱「凱達格蘭族」，台中地區的平埔族稱做「巴

則海族」，台南地區的平埔族則叫做「西拉雅族」。當時台南安平地區的居民就是屬「西拉雅族」的一支。在明朝萬曆年間，福建的漁民初抵安平地區，漢人詢問地名，原住民告知「Taywan」。漢人依閩南話之音，或譯爲「大員」、或譯爲「台員」、或稱「台灣」。

明朝萬曆以後，當時漢人大多稱呼台灣爲「大員」。稱「大員」爲「台灣」則是清朝以後的事。四百年來，台灣的名稱，也隨著不同的時代，而有不同的地區範圍。荷據時期之前「台灣」僅指今「安平」一帶。後來到荷據、明鄭時期，隨著漳洲、泉洲的移民日漸增多，台灣一詞則成爲「台南地區」的代稱。一六八四年，清廷納台灣入中國的版圖，康熙皇帝定名爲「台灣府」隸屬福建省。「台灣」一詞正式成爲全島的名稱。

鯤島，是台灣的一種雅稱。所謂「鯤」，是古代一種很壯大威武的魚。《莊子》的《逍遙遊》篇，描述鯤曰：「北冥有魚，其名爲鯤，鯤之大，不知其幾千里也。化而爲鳥，其名大鵬，……」大鵬遨翔天空，其神威令人心儀。鯤魚游於壯闊的大海，逍遙自在，亦令人神往，正如宋朝大詩人陸游詩：「時看雲海化鯤鵬。」台灣島橫臥在太平洋的萬頃碧濤中，傲視四周蕞爾小島，故以「鯤島」稱之，最傳神不過了。過去台江內海一帶，今台南安平附近，有所謂的「一鯤鯓、二鯤鯓……七鯤鯓」，台南縣著名風景區馬沙溝附近，有所謂「青鯤鯓、南鯤鯓」，皆是指江海上的小島之意。

◎從河圖洛書看台灣的歷史

今天，台灣之閩南人（中國福建省南部一帶）又稱爲「河洛人」，河洛乃指黃河、洛水兩大河流，河洛流域爲夏商周三代王朝之所在地。後來，一再發生戰亂或王朝興衰更迭及天災瘟疫等……種種大變動，使得河洛中州（中原）的人民，逐漸向南遷移，避難到福建廣東一帶。另外，客家人亦大都由中原河洛地區避難南下的民族，由此可知，目前留存於中國福建南部及台灣各地的閩南文化及台灣文化，才可能是華夏民族的原始正統文化。因此，至今仍保留在台灣民間傳統的歌仔戲內涵

中，更可清楚地看出中原文化的痕跡。

自古以來，在台灣民間廣爲流傳，尤其老一輩的鄉土人士及文化民俗工作者，都耳熟能詳的一句俗話：「有唐山公，無唐山媽」，亦即早期台灣的子孫只有來自唐山（中國大陸）的祖父，沒有來自唐山的祖母。爲什麼如此說呢？因爲移來台的漢民族，最早大規模的一批是鄭成功帶來的，以軍隊爲多，不可能人人攜家帶眷，爲了要增加人口、人本性需求及繁衍子孫，只有和當地原住民女子通婚。再則，清朝將台灣收入版圖之後，並未有計劃進行移民開墾，很多台灣人的祖先早期都是福建南部地區因山多田少，謀生不易，只好冒險橫渡黑水溝來台，其大多隻身離鄉背井，冒險來台求生存，落土定居以後，也大多和當地原住民通婚。前台灣中央研究院有位學者曾公佈台灣地區本省籍人士的 DNA 和一九四九年後來台的大陸人士的 DNA，從人類學分類的觀點來看的確有所不同。

日本文化傳承自漢唐文明，且大都完整保留迄今。日文中除了大和民族自創的片假名、平假名文字之外，現今仍然使用很多的漢字而且發音仍保留不少漢音、唐音，其皆係模仿漢唐時代的中原發音，這些漢音、唐音的日語有不少與台灣本土台語的發音聽起來幾乎同音，由此可見兩者可能係出同一文化之源頭。

◎台灣的開闢與無主權時代

《台灣通史》著作連橫在自序中云：「台灣固無史也，荷人啓之，鄭氏作之，清代營之，日人興之，民國開之。」故以〈開闢記〉和〈建國記〉分置卷首與卷二。

歷史上，台灣確實不是中國的一部分，在明鄭以前的任何朝代的中國官員，絕不知道有台灣這塊土地。即使到明末，台灣仍是無屬之地，所有當時海洋文化國家—英國、荷蘭、西班牙、日本在台灣都設有經營站，在歷史文獻上沒見中國政府抗議過。即使明鄭政權滅亡後，中國清朝政府仍視台灣爲軍事管理的化外殖民地，不認爲是中國固有版圖，歷經康熙、乾隆、嘉慶、道光、咸豐、同治，直到光緒皇帝時，在南洋系大臣沈葆楨、劉銘傳強烈主張下，才將台灣列入版圖，但六年後，又割讓給日本了。

台灣前史無歷史記載，直到十七世紀，慢慢綻放其韜光養晦數千餘年的光芒，有如一輪明月，自歷史長河中冉冉升起，皎潔的月光，吸引各方勢力前來逐鹿戰場，最後卻讓荷蘭東印度公司拔得頭籌，在台灣建立第一個殖民政權。荷蘭人統治台灣初期，即有系統的建構台灣的地理形狀圖，精細的測量及繪製於鹿皮上，爲台灣畫成番薯地形的第一張古地圖。

自荷蘭據台以來，台灣即經歷不同外來族群的統治，正因爲動盪劇烈的歷史轉折，才得以讓福爾摩沙接受多重文化的洗禮，成爲與世界網路連結的一部分。當時，台灣不是中國的一部分，而是與世界接軌的重要貿易平台。各國商人雲集，百餘種貨幣於市面上流通，世界的經濟活動縮影於此。台灣在十七世紀已進入世界貿易體系的一環，正以其自有的主體價值發光發熱。

此後，於一六六一年五月四日鄭成功領軍佔領普羅民遮城（Provintia），改赤崁爲東都，行屯田之制，查報田園册籍，開始徵稅。次年一月二十五日，鄭軍在周密的佈置後，荷兵無還擊之力，因而議降，二月一日鄭成功與荷蘭人締結「授降合約」

〈荷人十八條款〉，以娟美優雅的荷文書寫著投降條件〈鄭氏的則爲十六條授降條件〉，合約第一條即說：「雙方都要忘記一切仇恨。」戰爭時不是敵死，就是我亡，但握手言和，就應盡釋前嫌舊惡，輸贏雙方有氣度的接受事實，這才是台灣精神。

台灣之開闢，在十七世紀前，誠如連橫所說：爲一無主權政府，實際上是一個三不管地區，不須繳稅，亦無行政干擾，形同自由港，各國商人逐漸在此自由貿易。其中以中國、日本商人最活躍，自然形成商人的「自由港區」。

由於十六世紀末葉後東亞貿易甚盛，明朝爲防倭寇騷擾強劫，施行海禁、限制貿易，因此鄰近福建的澎湖群島、台灣島，便成爲日本人與中國貿易的踏板或取得中國商品的據點。其中大員（今安平）因位於中、日、菲通路上，已發展爲中外商人自由貿易之地，而日商擁有雄厚資本與良好組織，在北線尾（在今台南）建有一日人聚落，長期從事絲綢等華貨之交易。此外，由於台灣北部產金，亦有日人前來採金，甚或定居。因此台灣形同東亞自由港，貿易日盛。

隨著東亞貿易之興起，海盜亦產生，以分嚐一杯羹。事實上，不少海上冒險分

子組成亦盜亦商之盜商集團，聲勢浩大。由於原住民未有國家組織以自衛，以致東亞海盜，包括倭寇，常入侵盤據，作爲劫掠海上之據點。因此，台灣又形成「海盜的根據地」。倭寇發生的主要原因是明代中國生產力增加卻又行海禁政策，於是外人只好以劫掠、走私方式取得中國貨，而閩、浙大姓亦與之勾結，以牟取暴利。

除倭寇外，中國海盜亦一大禍害。由於閩粵山多田少，有賴漁業、商業補足生計，明代之海禁迫使居民鋌而走險，入海爲盜。初以澎湖爲巢穴，因官軍追剿，轉至台灣。不過，若論與台灣關係最密切的海盜（或盜商集團），莫過於顏思齊與鄭芝龍。顏思齊是福建漳州海澄人，乃日本長崎之華僑，與鄭芝龍等二十八人結一幫派，天啓四年（一六二四年）密謀推翻幕府，事敗後逃至台灣。次年，思齊去世，鄭芝龍繼起領導，聲勢更大。鄭芝龍原名一官，福建泉州府南安縣人，精明而富於謀略。一六二四年後，組織群盜，以台灣爲基地，橫行海峽，劫掠沿海。

◎台灣史爲一頁「不幸的殖民地史」

台灣這個島嶼，有史以來幾乎都是外來政權的天下。回顧台灣開發的歷史，整部台灣史可說等於外來政權的更迭史。首先是來自地球另一端的西班牙人與荷蘭人，其次是來自中國大陸的鄭成功與大清帝國，接著是日本帝國的勢力南下，最後台灣再度淪爲中國大陸勢力的禁臠。甚至在台灣舉行總統大選時，以飛彈、恐嚇、以商逼政等技倆試圖干擾選情。

對於過去所發生的台灣歷史，除了老一輩的人之外，對現在新一代的台灣人而言是非常陌生的。尤其是年輕人，就算在國中、高中時期有閱讀過相關的台灣史事，還是對書中一語帶過的「名詞」一知半解。在他們的思考邏輯裏，「中國大陸才是原鄉」的觀念深植腦海裏；「台灣」等於「福爾摩莎」是葡萄牙人說的，僅此而已。

回顧台灣歷史，最早必須回到十五世紀末開始的歐洲大航海時代，當時葡萄牙與西班牙是海上爭雄的兩大強國，十六世紀之後荷蘭也加入海權爭霸的行列。荷蘭人於十七世紀初，創設了有名的東印度公司，並在台灣島西方的澎湖群島築城作爲東亞貿易的據點。當時澎湖群島屬於明朝的統轄版圖，雙方爲了領土問題爭執不下；

後來明朝提出建議，希望荷蘭人將貿易的根據地轉移到台灣本島的南部，雙方隔著黑海溝互不相犯，這即是荷蘭人最早經營台灣的開始。（此代表台灣本島不屬中國）

不久之後，西班牙人也佔領北台灣一帶海岸，與日本、中國進行轉口貿易；然而西班牙最後仍不敵荷蘭人勢力的擴張，被迫撤出台灣。荷蘭人在台歷經三十八年的屯墾統治之後，另一個外來政權再度君臨台灣，亦即明末的餘臣鄭成功。鄭成功胸懷大志，意圖重振明朝，追隨當時南逃的明室諸王之一，打起「反清復明」的旗幟，於福建、浙江沿海一帶與清軍對決；無力抗爭之下被迫敗走台灣，趕走當時的荷蘭政權，在一六六一年建立起鄭氏王朝。

鄭氏王朝在歷史上具有劃時代意義。第一，它是漢人擊敗西方強國、武裝殖民的成功特例。漢人雖來台甚早，且人數不少，但無整體組織，至一六六一年到一六六二年才由鄭成功建立第一個漢人政權，因此中國人視之爲統一台灣的民族英雄。事實上，日本人亦因其有一半日本血統而仰慕備至。其實，鄭氏王國乃台灣獨立的先驅。鄭成功死後，子鄭經、孫鄭克塽繼承之，至一六八三年投降滿清爲止。在此期間，鄭氏的確以獨立王國自居，以一主權國家身分對內對外行使統治權，可說是第一個以台灣爲主體的獨立政府。

鄭氏王朝治台，除繼承荷蘭某些制度外，自有一套有別於荷蘭人的制度與政策，影響台灣的歷史發展。它建立中國式政治制度、引進漢人文化、確立農商並重經濟型態，而且在台灣南部漢人也壓倒原住民成爲優勢民族，爲清代台灣之全面漢化奠定基礎。但清朝是個典型的大陸型國家，對於海洋可說興趣缺缺；故後來的近兩百年，台灣一直被劃歸爲福建省的一部分。其統治台灣的目的，主要僅在於預防台灣產生危及本土安全的新勢力。直到兩百年後清朝的勢力逐漸衰退，甲午戰爭日本取得勝利，雙方簽訂馬關條約，明文規定中國將台灣「永久割讓」予日本。台灣在日本的統治下，建立了完整的政府，台灣史從此大幅改寫。

在歷史的作弄下，一九四五年日本戰敗，台灣的日治時代同時畫上句點，委由中國軍區托管，中國成爲台灣的新主人。此後，台灣受到蔣氏領導的中國國民黨的一黨獨裁，同時還創下了長達三十八年（一九四九年～一九八七年）的軍事戒嚴。

一九八八年蔣經國去逝，黨政軍大老各自想爭得大位，暗潮洶湧，最後只得依憲法由副總統李登輝繼任中華民國總統。

在這個契機下，台灣的民主化才逐漸開花結果，萬年國會議員終於在社會大眾的壓力下下台。一九九六年三月，台灣終於舉行有史以來首次總統由人民直選。二〇〇〇年更是開創了中國有史以來的政黨和平輪替，眞正啓動自由民主的列車。

◎世界的孤兒—台灣

一九七一年，中國大陸正式加入聯合國，台灣同時宣佈退出，從此承認中華民國・台灣的國家日漸減少。雖然台灣具有領土、人民、經濟實力與民主制度等條件，但是目前全球只有二十七個國家承認這個國家。

台灣現有人口已經超過現有聯合國三分之二的國家，土地面積大小亦在三分之一內。（二〇〇一年數據，台灣的人口數是全世界第四十二名，是第十六大貿易國，第四大資訊供應國。）擁有如此龐大人口的地區，屢次申請重返聯合國，卻無法受到國際組織的承認，確實令人覺得難以理解；更何況台灣至目前的外匯存底高居全球第三，GNP也排名全球第十六名，而且還是個實施全民選舉的民主國家。

但是，台灣卻是唯一和聯合國沒有任何關係的「國際孤兒」！是一個在國際社會上，任人宰割的「國際殖民地」！事實上，並不是世界各國不支持台灣，而是他們不知道如何支持一個連自己都說不清楚自己是一個什麼樣國家的「中華民國」。

聯合國並非唯一拒絕台灣的國際組織，幾乎所有國際組織都不承認台灣的國家主權身分，台灣的國際處境可想而知。如最近WHO在歐洲舉行的防SARS會議更爲明顯，中國大陸代表副總理吳儀女士的強悍言行，令百分之九十九以上的台灣人大爲反感。事實上，中國大陸非常清楚這種「叫囂」極爲無理而無力，但爲保持官位和怕被成爲鬥爭的藉口，因而只好一再強調：「絕不放棄以武力解放台灣」，藉以強化自己的信心，甚至還以飛彈演習來威脅台灣，這種鴨霸的恐嚇只會將台灣愈推愈遠。

◎台灣的回顧與展望

歷史上，台灣是個具有多重性格之島。首先，它本質上是個苦難之島。事實上，在鄭成功率領大量漢人移民來台之前，日本人與漢人同樣在台灣有生活的事蹟，多位幕府將軍亦有覬覦台灣的野心，而爲了避免荷蘭人爭奪澎湖，明朝政府甚至派人引導荷蘭軍隊進攻台灣的航程。難怪中國明末大儒黃宗羲與中國革命元老章太炎都說：「台灣自古不屬於中國」。

由於島上居民未建立本身的國家組織，以致不斷遭外來之入侵與統治，不能在自己的家園當家做主，寧非悲哀？四百年來歷經荷蘭、明、清、日本、國民黨政權變動太頻繁，每一個政權總是強力摧毀前一個政權的文化以確立統治的正當性；外來文化短暫交錯的影響，包括美國文化強力滲透。在外來政權支配下，本土文化亦無從做累積性發展，以致深度不足。

然而，從另一個角度看，台灣也是個幸運之島。因外來統治者多擁有較高度的文明，從而導入進步的生產技術與文化，台灣的歷史乃呈現跳躍式的提升，如荷蘭人、漢人、日人。而且當外來統治者離去後，他們的文化成了台灣的重要資產，豐富了台灣文化的多元內涵。

展望未來，台灣可說是希望之島。

第一，在政治民主、經濟自由、文化多元方面，它是華人社會的典範，其發展歷史與模式足供中國、香港、新加坡參考。

第二，台灣擁有大量高教育水準的人口，聚居於生活資源相當豐富的島上，可以發揮群聚效應，加速經濟、文化的創新，因而有無限的發展潛力。

第三，目前世界上讀、說人口最多的語文是英語、華語，台灣是英語、華語的交會地，兼通兩種語文的人數甚多，可扮演兩大文化之橋樑與熔爐的角色。因此，台灣前景無可限量。

然而，台灣有一內部的隱憂必須消除，那就是國家定位與主權認同問題。從國際法看，台灣已具備成爲一個國家所需的必要條件，已進入自由民主國家之林；在

塑造自己與他國關係時，有絕對的自由與權利。從兩岸看，台灣與中國五十年來互不隸屬，各自發展，尤其體制上一民主一專制，形同處於兩個截然迥異的世界。一個由人民當家做主，以民主機制完成政黨輪替；一個是共黨一黨專政，人民無基本權利可言。故而，「兩國論」也好，「一邊一國」也好，都是客觀事實的描述。台灣是主權獨立的國家，這個不證自明的現實存在，卻需要經過自我認同，甚而要爭取國際上的承認，正顯示台灣「國之不國」的悲哀。

第二節　台灣的人文特性

每個地域的「風土」與「人文」，彼此是相繫不離的。兩者之間隨著時間的過往，在風光水土的潛移默化，使人的感觸、回應，相互振盪、懷抱、試煉之下，衍生出「風土、人文、歷史」環環相扣的傳統文化生命共同體。而此一共同專屬的傳統文化生命共同體，正是構成人類社會最普遍的、存續最久的組織體「國家」的總根源。

人文如一條長河，在歷史中綿延奔流。台灣承襲了中華文化，這是歷史事實，不是可以否認或曲解的假說。未來可以創造，過去卻不容否定。台灣若干基本教義派一直鼓吹走中國化路線，甚至從源頭否認台灣民族文化裡的中華元素，這不但昧於事實，更是將我們自己的過去視爲敵人；台灣應是接納外來人文並融合之，成爲特有多元文化的人文特質。

◎台灣的人文特質

在這塊幅員僅三萬六千平方公里的島嶼上，除了已經成爲歷史名詞的平埔族之外，還包括了九大系統的山地原住民，以及移民來台的泉州、漳州與客家人。由台灣人所使用的日常語言來分析，除了各原住民之南島語系與不同的漢族方言之外，還夾雜了日語、英語及北京話，這正反映出各種不同語族先後來到台灣融合共居的過程。因此，台灣的文化融合性較強，也較能包容不同的文化。

如台灣故宮博物院的中華文物典藏，質與量傲視全球，和大英博物館、法國羅

浮宮、俄國冬宮博物館、美國大都會博物館共列爲世界五大博物館，及國立圖書館的繕本書籍在國際間享有極高評價。雖然輾轉來自中國大陸的文物，但故宮博物院和國立圖書館裡的文物，經過台灣半世紀以上的悉心收藏、整理保護，與台灣一起經歷過風霜歲月，早已在台灣生根茁壯，在地化而成爲台灣人民共同的資產，成爲台灣文化面貌的一部分。

來自中國，生根於台灣，宏揚於世界，何僅文物而已。從文化習俗、語言文字到種族血脈，台灣接收了早期中國的源遠澆灌，但又在蔚藍汪洋中納入了時空特有的元素，衝激、蛻變、探索、調適，台灣民衆齊心攜手，從傳統中華文化中開創出嶄新的光彩，走出一條前所未有的道路。

台灣保留了優美的中文繁體字，以此書法寫著台灣這片土地的悲歡離合，累積成台灣獨有的文化風貌，並與華文世界相互共鳴激盪。我們延續了傳統的風俗習慣，但又從國際浪潮中吸收學習，將時代多樣新鮮的元素融合爲台灣的活躍生命。我們創造經濟奇蹟而列名亞洲四小龍，並完成民主改革而成爲新興國家的典範。我們有過去，但那從來不是阻止我們前進的負擔。

被日本殖民統治過的台灣，在文化上多少受到影響，而有日本式文化，又被中國來的政權類殖民統治過，中國式文化也留存了下來。故台灣人文包含了日本和中國的，在台灣有日本式和中國式，也就成了自然而然的習慣。儘管，美國或歐洲風也隨著商業往來影響了台灣，但是，不經殖民統治的影響都只是表面的，尚難以深化。戰後蔣家王朝的中國化，帶來中國式影響，逐漸把從前的日本式取代了。然而，近代中國式影響下的台灣人文、文化，變了質，不是提升，而是沈淪。

古往今來，見證了多少文明的興衰起落。一個文明生存興盛的關鍵，端視其是否能保持成長活力，擁有寬廣的視野與胸襟，容許多元創見，勇於想像未來，並且還要有追求夢想的熱情。台灣的成長，不是建立在霸道上。台灣的前進，也不必始自斬斷過去，何況也斬斷不了。台灣的價值，不在證明自己不是什麼。台灣的力量，不在向過去或內部尋找敵人。傳統的中華文化、獨特的閩客原住民文化、國際不同文明的刺激、全球化潮流的衝擊，都是台灣擷取吸納並且融會成長的基礎。只要有

勇氣與視野，這一切特質都可以是我們的人文資產，不是欲去之而後快的羞恥，更不是阻擋台灣進步的障礙。

台灣有幸居於東方傳統文化與西方科技文明接軌的有利地位，應各取其長，加以調和，則可避免精神文化與物質文明發展失衡的隱憂。若能將東方的倫理觀念與西方的民主精神融合在一起，將東方講究的哲學精神靈修與西方追求的物質生活品質加以調和，應可提升整體生活的境界與社會文化的水準。

過去是我們出發的起點，而在這個起點的前方，天地是如此地廣闊開放。與其把精力浪費在回頭爭執的當下，不如站穩當下，自信地走出自己的道路。如此，將台灣塑造為一個族群相互尊重，具有多元色彩，且融合傳統與現代、東方精神文化與西方科技文明均衡發展獨特的「台灣新文化」。

◎台灣具海洋文化與重商傳統特性

台灣，是具有海洋文化特性的國家。台灣人民具有勇於對外開拓，精於冒險行商的移民特質。台灣從一開始便是個以貿易立家，首次登上世界舞台始於十七世紀初，當時最早是荷蘭人開設東印度公司，因此台灣一開始便扮演大航海時代的貿易中繼站，成爲世界貿易循環中不可或缺的一環。

就地理的觀點：台灣的地理環境，四面環海。西隔「台灣海峽」和福建省相望，東瀕「太平洋」，南臨「巴士海峽」與菲律賓相對峙。

就經濟的觀點：一六二四年荷蘭佔據台灣時，便以台灣作爲輸出、補給的轉運站。台灣第一次站在世界的舞台，以鹿皮、蔗糖、茶葉揚名於國際。換言之台灣係以貿易起家，貿易靠船隻，船隻靠海洋。即使到現代，台灣還是靠貿易創造台灣的經濟奇蹟。

就歷史的觀點：台灣的文化融合了「原住民文化一六二四年前」、「荷蘭文化一六二四年～一六六二年、西班牙文化一六二六年～一六四二年」、「明鄭文化一六六二年～一六八三年」、「滿清文化一六八三年～一八九五年」、「日本文化一八九五年～一九四五年」、「國府中原文化一九四五年～一九九六年」。近代「美

國文化」亦影響不小。

俗話常說：「大海納百川」、「大海不擇細流」、「大海有容乃成其大」。因海洋具有：(1)吸收、(2)包容、(3)接納、(4)開放、(5)寬闊、(6)自由、(7)謙虛(虛懷若谷)、(8)生命力(動態)等特色，台灣文化因爲融合各時期不同的文化，故被視爲「海洋文化」，是其來自有因的。台灣海洋史的特質：(1)島國風土人情，(2)過鹹水的移民，(3)開放性格的文化。

但台灣在歷史的發展過程中，卻由於政治因素，有很長的一段時間，是違背其海洋性格的。另外，台灣重商傳統的由來是：荷蘭人來台之目的是以台灣爲據點，進行國際轉口貿易，其施政乃以當時盛行的重商主義爲核心，因而啓動了台灣的重商傳統。其後爲增加收益，進一步發展產業，更引導台灣走向經濟成長之路。而其所以有如此之成果，不能不歸功於荷人、漢人之合作，發揮互補功能。

除了商業外，荷蘭人也發展農業，因來台後，發現台灣地形、氣候適合種植甘蔗製糖，而糖乃當時具有國際市場的商品。此後以米、糖爲重心之農業決定了往後三百餘年之台灣經濟性格，直至一九六〇年代，由於荷蘭人的政治力與漢人的經濟力之分工與結合，台灣經濟發展之列車開始啓動，貿易導向成爲台灣的傳統，米、糖也長期成爲台灣經濟之骨幹。

◎國府遷台與威權體制

一九四五年八月十五日，日本戰敗投降，不久大陸即爆發國、共之內戰。雙方打打停停，至一九四九年戰局對國府轉趨不利，蔣中正被迫引退，但他仍以國民黨總裁身分幕後指揮，爲防萬一，開始佈局台灣以爲日後棲身據點。爲確保來台後的安全，於同年五月二十日，台灣開始戒嚴；五月二十四日通過「懲治叛亂條例」；三日後，警備總司令部發布戒嚴時期法令，包括：管理書報，非經許可不准集會結社，禁止遊行請願、罷課、罷工、罷市、罷業等一切行動。

一九四九年十二月七日，中華民國政府移至台北，翌年三月一日，蔣介石復行視事。此時中華民國可謂內外交迫，外有中共入侵危機，內則面對因二二八受害而

不滿之台人，蔣氏與其子經國藉長期戒嚴令，逐步建立嚴密的黨國威權體制，直至一九八七年七月十五日才解嚴，期間長達三十八年。

蔣氏在台的威權體制獨具一格，不易歸類，一般稱之爲「擬似列寧主義黨國體制」（Quasi-Leninist Party-State），接近但不等於共產模式，因其對經濟之控制程度較弱。此種體制之運作背後有一族群結構因素，頗類似斯巴達體制（Spartan System）。外省強勢少數人掌控政、軍大權，藉恐怖政策統治本省弱勢多數。事實上，國府體制是一個經過包裝的精緻品，可以較斯巴達體制更有效地控制人民。更明確地說，此一體制係以斯巴達體制爲本體，以現代政治系統與共黨統治技巧爲工具所構成的。它有如下幾個特色：

第一、長期戒嚴，軍事色彩濃厚：中華民國自一九四九至一九八七年，實施長達三十八年破歷史記錄的戒嚴，設立警備總部總掌國家安全問題，重要案件均以軍法審判，言論、集會、遊行等基本人權被凍結。

第二、藉「法統」壟斷政治權力：一九四九年中央政府遷台後，以中華民國之法統自居，以大陸淪陷無法實施全國性選舉爲由，凍結中央政府人事。總統可以連選連任，蔣氏父子相繼連任，形同世襲；一九四七年選出之中央民意代表不須改選，而且可以自行遞補。其他中央公職大多由外省人壟斷。國民黨獨攬政權，以致黨國不分，學者稱之爲「蔣家王朝」。

第三、經濟權之掌控：孫中山之民生主義本質上與社會主義相近，因此大型或重要企業均歸公營，國民黨統治台灣即透過公營、黨營事業從事獨占性經濟活動，累積龐大黨產。民間只能依附公營企業，並做好黨政關係，以經營中、下游小企業，學者名之爲「黨國資本主義」。

第四、思想、行爲之統制：國府認定大陸之喪失，與青年學生、知識分子之赤化有關，因而在台灣厲行黨化教育，高壓對人民灌頂蔣介石爲「民族的救星」，「三民主義」列爲高中、大學必修科與各類考試之必考科目，以統制思想。媒體及各類機關團體亦多由黨直接、間接操控。尤其情治工作無孔不入，透過遍及全台的情治人員與線民，以監聽、跟蹤、威脅等方式，全面統制人民之思想、行爲。

在戒嚴期間，不少異議、反對分子被處決或監禁，其中被冤枉、迫害的比例相當高。事實上，由於情治人員之私利和濫權，常常禍延無辜，全台籠罩在肅殺恐怖氣氛中，人人自危，因此被稱爲「白色恐怖」。長期以來，台灣社會表面上風平浪靜，實際上暗潮洶湧，蓄勢待發。

然而，少數統治多數引起的族群對立問題終究還是存在，國民黨除了厲行恐怖政治外，亦採取「外省政治，本省經濟」模式，以降低摩擦。換言之，外省人牢牢控制軍政大權，容許本省人致力於經濟。而本省人經二二八後，菁英喪亡殆盡，殘餘者對政治視若畏途，亦死心轉向經濟發展，卻意外地在自由與共產兩大集團對抗的國際環境中，竟創造了經濟奇蹟。想不到引發中共政權的眼紅、口水直流不停，以飛彈恐嚇，圖謀併吞寶島，台海的緊張豈能不升高乎！

第三節　台灣階段性發展之策略

以史爲鑑，台灣在地緣政經中曾經歷過三種發展策略，可作爲未來發展的思考絲路。希望從歷史史跡與理論面來探討全球化對台灣今後發展策略應走的方向。

因爲島嶼是既孤立又開放的，是否能發展取決於島民的選擇。在一六二四年以前，台灣基本上是孤島，因而相對落後。然而，自一六二四年荷蘭人入台後，即引進重商政策，以航海貿易立國，台灣開始迅速發展，其後歷代亦延續其傳統，如今已蛻變爲世界最進步的國家之一。

◎早期台灣時空特性

台灣雖有優越的地理條件，然而長期以來卻是孤立於文明世界之外，與外界少有接觸，因而被認爲是一蠻荒世界。不過，它並非無人島，在舊石器時代即有人類之移居，並產生以新石器時代文化爲主的生活方式。

首先，台灣最顯著的地理是它是個位於東亞島弧中點的海島，東北接琉球群島、日本、韓國，南以巴士海峽與菲律賓、婆羅州、印尼群島等東南亞地區相連，爲東亞航線之樞紐。海洋是隔離島民與外界往來的天塹，也是與世界交通的天然大道。

其次，台灣西臨台灣海峽，其寬度僅在一百三十公里至二百公里之間，與東亞重心之中國大陸的距離不遠不近，因此其歷史發展深受中國之影響。它的面積約有三萬六千平方公里，不大、不小，獨立太小，隸屬中國又太大，是以歷史上有分分合合的過程，統獨與國家認同問題迄今依然是台灣人的困擾。

因此，台灣的政治命運則十分坎坷。在十七世紀之前，原住民並未充分利用台灣之優勢，以致璞石不能化為美玉，亦未建立國家組織以自衛，引起強權之覬覦、欺凌，以致外患不絕，政權頻頻易手。外來統治的悲情竟是島民的歷史宿命，而台灣政治、經濟、文化史也因此呈現斷裂性，難以進行累積性的、高層次的發展。換言之，每一統治者將其文化、典章制度強加於島民身上，因此造成其國家認同的混亂與本土文化之欠缺延續性的向上提升。

自另一角度看，台灣也因此種遭遇而吸收多元與先進的文化，因而得以迅速地、跳躍性地進步，而且當外來政權退出後，它們的文化也成了台灣的重要遺產，豐富本土文化之內容。目前之台灣文化即包含原住民、中國、日本及歐美等文化，堪稱是一小而美之精品。台灣歷史正是在這種動盪而進步的、悲情而活躍的環境中，起起伏伏、曲曲折折的展開。

◎明末鄭氏的海商策略

一六二一年，亦盜亦商的顏思齊率鄭芝龍等二十六人在北港登岸，台灣漢人的歷史也正式展開。鄭芝龍，這位被稗官野史作者認爲是「最瞭解台灣在亞太戰略地位的創業家」，對於台灣地理區位特質的認知，並非軍事性，而是經濟性。他對於台灣的規劃，是建立以包括日本、琉球、中國大陸東南沿海和東南亞爲中心的經濟王國。雖然明朝崩潰，鄭芝龍被捲入政治漩渦中，而無法完成其一生的夢想，但他的繼承者鄭成功仍舊採行他的構想，首先就是驅逐荷蘭人，取得台灣。

在鄭氏立足台灣之後，清廷頒佈禁海令，對中國東南沿海地區採取封鎖政策，想從經濟上迫使鄭氏屈服。爲了克服這危機，鄭氏將其國際貿易的事業帶至台灣，決定貿易立國的方針，和日本、東南亞國家及英國人展開廣泛的多邊國際貿易。使鄭氏政權在台能支持二十三年之久。

鄭氏來台墾殖之事，最初是自給自主，海洋貿易仍爲經濟的主要支柱，清初的海禁不但沒有打擊到鄭氏的財源，反而使得台灣成爲歐洲人與大陸做生意的公開管道，也促成了鄭氏家族的貿易事業。所以連橫因而說，台灣一開始就是「商業之國」。但是，由於政治環境，鄭氏家族的商業王國，獨缺中國大陸，使得這商業王國無法眞正的建立與永續的發展。

歷史的軌跡總是有著可供思考的方向。一是鄭氏在台「商業立國」初期可以成功，是建築在清廷封閉的海禁政策上；這正如同在一九四九年以後中國自我對資本主義社會封閉，促成了香港與台灣在亞洲的貿易和發展機會。一九九〇年代中國進入全球化的體系之後，香港與台灣其地緣上的貿易優勢都受到來自中國沿海的挑戰。二是鄭氏與清廷對抗，而清廷採封鎖東南沿海戰略，鄭氏家族當時採的是以日本及南向爲主的貿易政策，無法從中國取得資源與能量，使得發展後繼無力，終告失敗。現今，也因兩岸政治敵意未能消解，雙方貨物「直航」未能開啓，台灣似乎也掉進了同樣的歷史場景。日本與歐美不能依賴台灣的地理及人文優勢做為進入中國的門戶，台灣自身的全球經貿網絡也因缺一角無法張結完全。

鄭氏王朝對台灣經營策略的歷史，帶給現代我們的啓發是：基於地緣的關係，如果刻意忽視中國的市場，台灣的商業不太可能稱霸全球，特別在中國進WTO，市場向全球開放後，台灣的優勢地位將受到嚴重的挑戰。兩岸的對抗或疏離，均不利於台灣的發展。

◎清末台灣建設與發展策略

劉銘傳，這位被視爲是「台灣現代化之父」的人物，在治理台灣六年中，大刀闊斧推展各項現代化的政策，包括在一八八七年動工建設中國第一條客運鐵路，當他在基隆獅頭嶺的南端隧道口親筆提「曠宇天開」四個大字時，展現的是台灣將迎向世界的自信與氣魄。劉銘傳的建設包括軍事、制度、教育、交通各個層面，希望「以一偶之設施，爲全國之冠」。

一八九三年，劉銘傳在北京一紙令下辭去台灣巡撫職位，接任的邵友濂是保守的官員，把劉銘傳推動的建設事業停除，台灣現代化努力契機因此而曇花一現。二年後，台灣在中日甲午戰爭後割讓給予日本，爾後的一百多年，台灣的發展與中國幾乎斷了線，台灣走了一條完全不同於北京的發展路線。

從歷史看，所有大帝國邊陲地區的發展取決於遙遠中央政府的決策，本身沒有主導的能力與權力。劉銘傳時代的台灣為中國清廷的一部分，就國際法而言，本無主體性；當時的台灣完全依附中國，政治、經濟、社會的決策都受制於北京。台灣後來的命運正凸顯出，中央集權大國為自身中央利益，可犧牲邊陲地區的利益，邊陲也無自我發展的自主性。這也是歷史上，中央集權的大帝國最後均以衰敗收場，而邊陲也都受池魚之殃。

一九四五年至一九四九年，在聯合國和約下台灣由隸屬的中國軍方託管，與中國再度連上線，但只短暫四年又與中國大陸老死不相往來，甚至敵對。這次的分離，使台灣在政治、經濟上享有完全的主導力量；經由美國，台灣進入了資本主義的體系，一九八〇年代成為亞洲四小龍，並為一九九〇年代的中國大陸經濟發展提供了相當大的貢獻。

在兩岸分治的五十年間，台灣擁有自主權，使其能避免掉入劉銘傳現代化台灣所面臨邊陲效應之困境。如此，台灣才能在全球化的過程中，不是依附在中國之下的方式參與，而是可以自我尋找最有利的途徑與發展模式。由劉銘傳在台灣那段歷史的啓示，就是台灣不宜依附於中國的政治與利益之下，否則，邊陲就隨時有被犧牲的可能。台灣應該在全球的運籌管理佈局中找到自己的定位。

◎日本殖民時期的發展策略

一八九五年，日本經由甲午戰爭以戰勝國的姿態迫使清廷簽下〈馬關條約〉，取得睽視已久視為戰略要地的台灣，並從此兼併之，成為日本帝國第一個海外殖民地。一般來說，帝國主義國家謀取殖民地的目的有二，一是以該殖民地為原料的供應地，並推銷本國產品到該地，以賺取經濟利益；二是以該殖民地為起點，以謀求

進一步的發展。而當時日本的企圖取得台灣是兼具了此二項功能。佔領台灣初期，許多產業就是以日本國內的消費需求而發展。但只是「供需鍊」的理由不足以說明爲何要取得台灣，背後巨大的陰謀是「以台灣爲基地」謀求更進一步的發展，以台灣的地理位置，掌控東南亞資源爲其帝國所用。

「九一八事變」以後，日本開始工業化台灣以滿足其侵略軍事上的需要。「七七事變」之後，台灣成爲日本「高度國防國家建設」的一環，自一九四一年太平洋戰爭爆發後，台灣因特殊的地緣位置，成了日本「南進基地化」與「戰場化」的政策執行點，一切經濟政策，完全以對南洋侵略的軍事需要爲主要著眼。

台灣的特殊地理戰略地位可從日本朝野人士的辯論中一窺究竟，如羅吉甫著《野心帝國》一書中有詳述。在甲午戰爭前，日本文部大臣井上毅就明白指出，占有台灣可扼黃海、朝鮮海、日本海的航權，而開闔東洋的門戶。福澤諭吉更指出：「台灣爲我蹋旁的鼾聲」，臥蹋之側，豈能容他人酣睡？台灣的地理戰略地位在後來的太平洋戰爭中獲得了充分的印證。

◎二次大戰後台灣的政經策略

二次大戰後的台灣，並沒有辦法跳離兩極世界的意識形態對抗，台灣自然選擇加入了以美國爲首的西方世界陣營。幸運的是，台灣所選擇的這一邊正好是國際經濟的主流，台灣的經濟因而得以成長，安全也得到保障。在一九七〇年以前，台灣是美國的軍事基地，也扮演著圍堵共產主義可能擴張的角色；在經濟上，完全依附於美國。與日本殖民時代不同的是，台灣雖然是美國的「基地」，但是並不需負擔美國的戰略軍事需求，「基地」反而成爲台灣發展中的保護傘，帶給台灣不受外在環境影響的發展時期，可以擁有自己的主體性來發展，這是台灣近代史上從來沒有的機運。

一九七〇年以後，台灣不再是美國的軍事基地，但是在經濟上，仍舊依賴美國與日本。一九八〇年代，中共的改革開放給予世界進入中國的機會，台灣雖然在政治上仍堅持與中共政權對抗，但是台灣的民間企業已開始登陸找尋商機。一九九〇

年代，東西的藩籬不再，全球經濟市場成形，中國市場更進一步的開放，但台灣卻不幸的掉進了戰略定位之爭。台灣在經貿全球化的共識情況下，沒有中國市場，台灣的商業王國無法建立與永續，可能步入鄭氏王朝後塵。但在中共「一個中國」的原則下，兩岸須有高度智慧的政治家來解決。

從荷蘭進入台灣開始，近四百年台灣的發展經驗顯示，鄭氏時期，缺少中國大陸市場，台灣的全球「商業王國」根本無法建立。劉銘傳的經驗顯示，台灣如果沒有主體性的發展策略，必須依附於中國大陸的經濟與政治，是不利於台灣的發展。台灣的地理位置應該是荷蘭人眼中的交易中心，而非是遂行強權戰略目標的基地，應該是以「廣結善緣」的態度面對全球化，而不是「選邊站」。台灣作爲美國的基地，似乎並不能提升台灣的「主體性」地位，反而因爲缺乏競爭力而被邊陲化。

◎二十一世紀台灣發展新策略

二十一世紀台灣的經濟發展，不是以原來發展方向勉強去突破極限，而是要在新的國際經濟下，找出新的方向和目標，提高生活品質讓人民可以眞正享受經濟成長的果實，促使產業邁向知識化而在國際上建立獨特的競爭力，以公平、誠實、多元化的原則來塑造台灣的新經濟文明。

二十世紀的後期，世界經濟全球化加速進行，這也將是衝擊二十一世紀各國經濟最主要的變化趨勢；而台灣的經濟面比其他國家更劇烈的質變與量變，因此經濟發展的策略有必要做大幅的修訂。

在一九八〇年代，大多數開發中國家都不願積極加入國際經濟的競爭與合作，只有台灣、香港、南韓、新加坡等亞洲四小龍採取擴張出口的政策，因此，當時的國際市場中，四小龍逐漸成爲先進國家產品的製造國。然而，現在絕大部分開發中國家都想加入國際競爭，台灣面臨的競爭對手大幅增加，這是量上的變化。

台灣過去賴以競爭的低工資成本，也隨著長期的政經發展而喪失了在國際間競爭的條件。現在台灣的工資與平均所得已比一般開發中國家高十倍以上，在國際競爭中，台灣已成爲高工資的國家，於是低工資國家開始搶走我們的產業，就像以前

我們搶走先進國家的產業一樣，這是經濟情勢上一個很大的質變。

量變和質變互相影響加乘，使得威脅再進一步擴大。當年四小龍人口不到先進國家的十分之一。先進國家市場對我們而言幾乎是無限的大，我們以低工資的優勢，只要認真把產品生產出來，幾乎就不怕沒有市場。因此，很快就達到充分就業，工資及所得快速上升，所得分配也因而變得相當平均，這就是台灣的經濟奇蹟或東亞經濟奇蹟的基本背景。四小龍的經濟奇蹟在這樣的基本情勢上不太能撼動先進國家。

目前，高所得國家每人平均受到的競爭壓力則幾十倍於以往。過去面對的世界市場是，高所得國家人口多而四小龍人口少，因此四小龍的工資被拉上去。現在則是開發中國家人口遠高於高所得國家十倍以上，這個數量上的變化使開發中國家每個人平均能利用的國際機會只有以往的幾十分之一，結果必定是已開發國家的工資被拉下來。國際市場上，勞力密集，產品大量增加，而價格節節下降，並且還造成全球性的通貨緊縮。

由於技術上的限制，開發中國家尚無法立即全面替代高所得國家的產品，於是就先從中技術國家的產品開始取而代之。國際經濟情勢的變化已經對台灣相當不利，再加上開發中相對發展較快的中國和東亞各國恰在台灣附近，又因語言和人脈關係，對我國的產業及資源有更大的吸引力。於是，在這場國際產業變化及爭奪資源的競爭中，台灣可以說首當其衝。

在全球化、自由化的架構下，資源總是往最具效率的地方移動，由於台灣土地成本與工資上升，不具生產力的產業紛紛外移，正是大勢所趨。然而問題關鍵在於台灣的投資環境、法規制度是否能對產業發展產生推陳出新的機制，協助產業體質的調整與升級，避免造成產業空洞化。而在中國逐步開放且納入全球分工體系時，台商若能發揮比較利益，就近取得展現所長及競爭力的生產基地與廣大市場，積極參與國際分工體系並展開全球佈局，何嘗不是「浴火重生、再創奇蹟」的機會。

至於在台灣內的產業，勢必朝向「微笑曲線」的兩端發展，加強研究創新，建立品牌與行銷，創造更高的附加價值，否則將無以為繼，亦即由代工製造（OEM）轉而設計製造（ODM）及自有品牌製造（OBM）發展。善用我們已經累積的大量、多元的資源，確切掌握國際經濟的新情勢，採取正確的方向、有效的策略，才是我們成為富裕幸福的已開發國家的新起點。

第二篇 人

大地震、水災、土石流等均是我們熟悉的天然災變。然而，不可埋天怨地，因爲天地的變化都有一定秩序，所以這一切其實都是人禍。工業革命以來，人類一直追求進步，過度的開發，促使地球本身的磁場均衡點遭到嚴重破壞，累積到一定程度，自然會有很多的天災地變。均衡生態被破壞後的重建，絕不是短期做得到，但至少先停止或減少破壞，或許還有挽救的可能。因爲，最主要仍然在人，人要有覺悟和反省的能力，才有可能靜下來，讓它尋找新的均衡點。

台灣山上的森林巨樹不見了，因此，不是洪水，就是缺水；所以土石流的發生絕非偶然。加上亂採砂石，橋樑上下流的河床被掏空，大水沖斷橋樑，是誰惹的禍？不要祗怪砂石商，如果不是需求量大，特權橫行，誰願意冒險違法去開採。這些都是我們好大喜功，急著大建設，爲著表現自己的地位和價值嗎？這些災難祗有一個字—貪。尤其「全球化」，國際企業「在地化」，絕對是首要之務。因爲管理最終的道路，還是回到「人」的執行面，而不是冷冰冰的電腦。發掘人才、選用人才與留住人才是國家人力資源之所在。

第一章　明珠發亮前的淬煉

台灣儘管遭遇無數的危機，其經濟反而更加茁壯，無論受到任何無情的打擊，台灣卻從未屈服。自從中國加入聯合國之後，台灣逐漸被世界各國拋棄與漠視，最後成為全球僅有的孤兒國家。絕大多數的人們都難以理解，台灣眞正的實力究竟來自何處。歷史告訴我們，台灣經濟在歷經多次危機與百年大地震的襲擊後仍然健全如昔，不但沒有死，更沒有凋零。反而是創造一次又一次的奇蹟來回應這些挑戰，一如浴火重生的鳳凰。

台灣是世界排名第十六的大經濟體。擁有完整的主權條件國家，如今卻未能得到其他主權國家的認同，是國際社會唯一的孤兒。雖然歷經半世紀以來海峽對岸中共的「文攻武嚇」，台灣從未屈服在對方的政治干擾與軍事恫嚇，面臨大國壓迫與國際的孤立，仍舊是堅持到底的國家，除了台灣或許難有出其右者。

這個秘密何在？有人認爲台灣「具備了各項絕佳的歷史條件」，但事實卻恰好相反；正因爲無情的歷史環境，才造就了台灣這個國家與人民堅忍不拔的特質。這個世界孤兒，只能在無情的環境中一步步摸索成長，同時培養本身屹立不搖與獨立自尊的精神。

第一節 探討台灣當前困惑之因

台灣在二〇〇一年經濟危機最嚴重的是信心的喪失。其實，這次經濟衰退是全球性的，台灣情形也不是最嚴重的，在物質層次，台灣還算是有錢，泡沫化也沒有日本嚴重，台灣人勇敢、刻苦、機警的本質，也還未完全消失，雖然危急，還不致太惡化。但最糟的是信心喪失，一味想往大陸跑，只爲降低人事和土地成本，的確也有不得已的苦衷。但離開了這塊土地，斷了根的生意人，如何能夠成爲有根基的企業家？如同檳榔樹無力紮根一樣，碰到大風雨就會被折斷或連根拔起，所以企業主在經營策略上應有深層的思考。

台灣這塊土地，是投資、立足運籌經商的好地方，這裡不斷地培養出擁有眞正能量的創業家，乘風破浪，在海外創建驚人王國，冒險犯難，刻苦勤儉，他們的事業遍及全球，而不是祇想在中國成爲「呆胞台商」而已。

◎錯誤的教育政策

台灣沿襲華人在「萬般皆下品、唯有讀書高」的文化傳統薰習下，父母只要能力許可，莫不千方百計讓子女不斷追求最高學歷；在今e時代，也唯有靠知識與技術才能成爲贏者圈中一員。但整個社會人才結構是多元的需求，而且每個人資質不同，許多具有出色的稟賦，因投入死板的升學管道中反遭到埋沒、摧殘，人才需求發生嚴重的失衡，更是社會無法彌補的損失。

探討當前政經衰退之因，總結在於「人」，而「人」是靠教育培養。台灣的問題之一首在教育，因台灣數十年來的教育只有「爭」與「貪」兩個字，故從事教育工作的人，必須負最大責任；從教師上街爭福利、抗稅遊行的情形自可瞭解。整個教育，從幼兒園開始揠苗助長，就強調孩子不要輸在起跑點，即使到最高學府也是以成績至上，保持考試優勝者姿態。

爲了「爭」，用騙的、用暴力、用人脈關係等，故社會治安自然出問題。勞資糾紛、反潮流、維護既得利益等，不管群我倫理、社會成本，到處有人抗爭。不知世界在快速改變、科技在進步，危機已在身旁仍不知，失業了要怪誰？而「貪」的教育，自然也培養出問題來。祇想投機、賺輕鬆錢，賣弄小聰明的搶錢族，不論炒股票、炒房地產、炒政治地位，「炒」的本身便是泡沫，所以陷入泡沫經濟的苦海中。

承襲一個數千年來高度重視教育的文化傳統，這無寧是十分可喜的現象；但自蔣介石來台以後，台灣的教育是教導中國大陸才是我們的原鄉、祖國，就是不讓孩子瞭解自己，以及認識自己所住在的土地和環境，教育、記憶、背誦一大堆過時無用的中國大陸史地，考試也只考記憶，孩子的大腦自然成了記憶庫，而不是會思考與創造力的智慧型人腦。成績至上、升學至上，有沒有眞正學會不重要，面子最重

要，有人偷跑、有人賄賂、有人作弊，爲的就是怕輸。

時代變了，經營該轉型、技術該轉型，早就該進入數位化思考，不論資訊網路或生化工程，傳統產業是早就該數位化了，但老闆不努力帶領員工學習，祇想降低成本，當然非移到中國不可了。加上勞工自己的不努力，也祇想工作輕鬆、工時少、福利好，錢多事少離家近，這些都是錯誤教育出來的；只求安定、敷衍過日子，追求表面享受，以錢多傲人來提升自我，不敢冒險、無力創新。目前，台灣正面臨跨世紀 WTO 的全球化時代，科技日新月異的改變與挑戰，此種教育，高失業率自然是形成常態。

◎失業型復甦之經濟結構

失業率統計本屬經濟的落後指標。當經濟復甦初期，許多企業仍會觀察一段時間，待確定景氣復甦後，才會再新增就業人員，因此波衰退的衝擊太大，廠商不願意立即擴大生產規模所致。另一方面也反應出我們此波的失業其實比較傾向於產業轉型與升級失調的「結構性失業」，而非與經濟景氣連動密切的「循環性失業」。

知識經濟時代來臨，隨著科技創新，運用自動化設備生產，減少人力之使用；又因全球化激烈的競爭，企業為降低生產成本，勞力密集製造業大量外移，新增的產業不及吸納外移產業釋出的勞力；根留台灣的資本與技術密集型產業，帶動的就業機會十分有限。因此，台灣才會出現所謂經濟結構性失業的情況。

事實上，這種「失業型復甦」現象，乃是台灣經貿向中國傾斜的後遺症。失業型復甦，有的是屬於景氣循環問題，有些則是結構問題。前者是因為廠商要擴大投資、增聘勞工，一切都要等到確定景氣回升，因此景氣復甦初期，自然看不出就業人口的增加；這種屬於景氣循環的失業型復甦，根本無須憂心，只要等到景氣回升，失業問題自可迎刃而解。但是，結構性的失業形復甦，則是導因於產業結構發生變化、調整。譬如台灣的產業結構原本傳統與高科技產業並重，各種層級的技術勞工都可以找到工作，但結構調整之後，傳統產業外移，高科技的製造部門也有不少出走，只留下研發設計部門，如此一來即使景氣復甦，所需要增聘的勞工並不多。再

者，政府大力扶植的策略性產業，所聘用的勞工有限，造成一些技術層次較低，甚至專靠勞力謀生的勞工，一旦失業就等於終生失業。

「失業型復甦」現象，不獨台灣，美日歐等工業國也出現類似問題，除了產業自動化及轉型，主要因更在中國大量廉價的勞力投入工業生產，吸走資金，更吸走工作機會，造成世界性失業潮。經濟學界預判，中國、印度、越南等人口衆多的第三世界國家，依雁行序列投入工業生產，必形成「供給過剩」趨勢，將是世界經濟的大問題。

綜觀，這波失業情勢不同以往，由於產業關廠情況嚴重、外移家數激增，國內產業面臨長期結構調整；新興產業雖因亮麗的出口表現，驅動景氣復甦，但創造的就業機會仍無法吸納失業人口，導致失業率居高不下，造成失業型復甦。

因此，治本之道，還是政府部門加速產業轉型與升級的腳步，同時以具體的教育訓練和輔導就（轉）業措施協助失業的民衆，特別是從製造業往服務業的方向做調整。至於「擴大公共服務方案」基本上是屬於治標措施，短期間或可改善帳面上的失業數字，但因工作性質多為臨時工，且本益比（投資效益除以成本）小於一，故而就公共政策的角度而言，這並不是一個值得鼓勵的方的；然而，此擴大就業方案仍必須立即延長，籌措穩定的財源將所提供的就業機會由一年延伸至少兩年，換取根本的改善時間。

但根本之道，需要長期措施而不能操短線，主要還是在於增加國內的投資，為台灣人民創造更多的就業機會，以多元化管道強化職業訓練與第二專長訓練，增加就業機會之外。同時，為解決全球化帶來的弊病，未來必須推動服務產業，發展觀光、照護的服務產業；提供轉業訓練，經由再訓練，改善人力素質，讓原來製造業釋出的勞力透過轉業訓練轉向服務業，才能讓失業勞工重返職場，舒緩失業之痛。

另一方面，我們必須擴大這群擁有專業知識與技術的精兵有用武的戰場，讓他們從容馳騁、縱橫捭闔；因此，在中國大陸的人才尚未養成氣候、市場經濟的認知尚在一知半解之際，掌控兩岸經貿互動的機先，審度資金、貨物在中國的進出，投資台灣成為全球運籌的營運中心，才能永遠解決台灣的失業問題；而我們所收穫的，

又豈僅是失業率降低而已。

◎國家認同的內部衝突

居住在台灣島上的人，本應不分族群與來到先後，同心協力對抗外來的侵略，可是台灣目前內部最大的問題，是兩大政團在國家認同上的重大分野。綠色執政黨秉持台灣優先理念，兩岸政策較爲審愼務實；泛藍政黨之人士，思維上只有中國的法統勢力，其兩岸政策是建構在虛幻的大中國情結與統一的使命之上，不肯認同台灣是主權國家的事實，抗拒台灣本土化，把台灣帶到「一個中國」的死胡同，爲當前台灣政經衰退的主因。泛藍政黨認爲台灣經濟問題在兩岸，祇要向北京政權靠攏或討好，台灣的經濟便可復甦，眞的嗎？

台灣早期「經濟奇蹟」形成的因素，是因爲當時的國際情勢及諸多因素造就而成。因此，台灣需要深刻的、全面的歷史反思，一種持續的、建構性的歷史反思，不要「藉神話過去、醜化現在」，刻意忽略全球化潮流中，勞力人口的移轉才是造成國內失業人口增加的主因。詩人李敏勇表示，在解嚴後的這十多年，台灣因爲沒有政治清算，也沒有歷史反思，使得戰後長期的政治共犯結構與利益分贓體系，形成一種特殊的台灣統治權力生態，甚至繼續殘留下來。國家認同上的衝突，成爲最大的內耗與動盪之源。

「一邊一國」是陳述台灣與中華人民共和國各自主權獨立的現狀與事實，它的基本意義在要求包括中國在內的所有國家，以「平等待我」，不要侵犯台灣的主權國家地位。「一邊一國」的存在已超過半個世紀的事實。從李登輝任總統後期，便指陳中華民國與中華人民共和國互不相隸屬的事實，並主張雙方應建立特殊的國與國的關係。陳水扁的「一邊一國」所指陳的也就是這個既存事實。

過去泛藍國民黨與中共把國共之間你死我活的內戰分裂狀態，視爲「一個中國」，把主張台灣建立新國家者稱爲「台獨」，把採取「中華民國老店新開」方式堅持台灣主權國家地位者稱爲「獨台」，而且還引述北京的武力來恐嚇台灣的住民。

香港在「一中屋頂」下，雖稱是「自治區」，但新聞自由受損害，司法失去獨

立，政黨受到北京的約制，而經濟陷於中國廉價勞工及吸資的大黑洞。香港人民連其特首都無權選擇。美國企業研究所亞洲部主任林蔚表示：從香港的例子可以得知，親中派不會有好下場，北京不過以傳聲筒視之，所以時間是站在台灣這一邊。

現今，台灣已是主權獨立國家，如不敢堅持與維護，反而依北京的政策刻意迴避，台灣將淪為香港第二，那泛藍需要把話說清楚。「一邊一國」是個事實陳述，如果泛藍也認同台灣是個主權國家，那「一邊一國」在台灣的國家認同上便成共識。

第二節　中國對台的孤立與威脅

一九八八年，蔣經國死於總統任上，李登輝繼任「中華民國在台灣」的總統，他一上任便改變過去漢賊不兩立的外交政策，宣佈推動實務外交，以積極增加邦交國為最主要方針。然而中共立即攻詰這是製造「兩個中國」、「一中一台」的陰謀，卯盡全力阻止台灣名稱或官員在任何外交場合出現。

中共政權在外交場合的「台灣過敏症」，已經到了近乎歇斯底里的程度。在任何國際會議上，中共代表只要發現有台灣官方代表出現，便會不擇手段地逼迫主辦國，將台灣代表逐出會場。中共過去對於東德與西德曾經給予雙重承認，對於南北韓雖然態度上較爲保守，但是也從未採取全面否定的姿態。弔詭的是，中共自己能夠接受「兩個德國」與「兩個韓國」，卻對台灣趕盡殺絕，這種明顯矛盾的雙重標準，正反映出中共沙文思想「天無二日，地無二王」的獨裁體質。

◎中共對台的外交孤立技倆

蔣介石以「漢賊不兩立」的零和遊戲，堅持「中華民國」代表中國，致使外交全面崩盤。經過蔣經國表現的些微彈性，李登輝的結束戡亂，主權在民、兩國論和陳水扁的一邊一國，「中華民國」已經脫胎換骨，它只是台灣這個主權國家現有的稱號，與代表中國的中華人民共和國是互不相隸屬的兩個國家。

在政治上，中共一向矮化台灣爲「地方政府」，爲「中國的一省」。但事實上，中華人民共和國從一九四九年成立建國至今，從沒有一天對台灣行使過統轄權，也

從未在台灣收過一分稅。中共不但一再忽略這個事實，更不顧台灣絕大多數人的想法、意願，對台灣政治的壓迫也未曾稍事鬆懈。

在國際外交上，中共持續企圖以「三光政策」扼殺台灣外交的生存空間，甚至連非政治性、非政府的國際組織或活動都不鬆手。例如多年來一直阻擋台灣加入「世界衛生組織」WHO，不但危害台灣二千三百萬人民的相關福祉，亦排除了台灣對其他國家可能提供的醫療貢獻。

有趣的是，全世界沒有一個國家對中國大陸及台灣採取雙重承認。這是因爲兩岸政府都對雙重承認採取極嚴厲的標準（目前台灣對雙重承認已默認），一個國家一旦與任何一方建交，就必須付出與另一方斷交的代價。但是，朝鮮半島的情況，目前承認南韓的國家有一百八十二國，承認北韓的國家亦達到一百三十四國，同時承認南北雙方的則有一百二十九個國家。

在經貿的區域戰略上，中國政府全力整合、建構「中國與東協成立自由貿易區」（簡稱十加一）、「中、日、韓與東協成立自由貿易區」（簡稱十加三）的東亞區域經濟聯盟體，目的同樣是在遂行其對台灣地方化、邊陲化的經貿統戰陰謀，並且藉此弱化美國在亞太區域經濟的影響力。換言之，中國走軍事上、經貿上的戰略，無非是想透過恫嚇及孤立並瓦解台灣的全民意志，達到不戰而屈人之兵。

回顧中共對台的外交孤立，長期無理的打壓，使得台灣對外的關係無法開展，當然是一個重要的原因。因此，台灣要能突破外交的困境，首先必須衝破「一中政策」的迷思，在國際上擺脫「一中屋頂」的束縛，自創台灣品牌，發出台灣之聲。在國內則擴大人民的國際視野，突破「一中」心態，建立自主自立的信心，加強民間對外交流。認清國際情勢的變化，掌握有利的形勢時點，發揮台灣的優勢，突破傳統格局，才能展現外交新貌，爲台灣在國際新局上奠定一席之地。

◎中共反對台獨與武力威脅

據說中共前總理周恩來第一次聽到有台灣人民主張獨立的時候，曾經以不屑的口吻說道：「就憑台灣那麼一丁點大的小島也配搞獨立？」

不可否認，中國的確是世界上數一數二的大國。以現有資料計算，三萬六千平方公里的台灣只有中國大陸的二百六十分之一，人口也約為六十分之一，相較之下，台灣確實小得可憐。但是這些都不足以解釋，爲什麼「小」就沒有資格成爲一個國家，周恩來這種「小島不足以建國」的論調，充分反映出中國文化的自大心態，更暴露出中國人的大國沙文主義。

人口少，並不代表沒有成爲國家的條件。瑞典、挪威、丹麥與冰島等北歐諸國的人口總和，事實上還沒有台灣的人口多。而澳洲與紐西蘭的人口，也比不上台灣多。依據聯合國《世界國勢圖繪》的統計資料計算，發見不丹及汶萊等人口排名最後的四十七個國家，其人口總和還比不上一個台灣。由此可見，以人口數的多寡來看，台灣絕非「毫不起眼」的小國。

事實上相對於中國的大國沙文主義，還有另一種完全相反的小國主義存在。「狹小島國」似乎存有著若干中國哲人老莊思想的「小國寡民」的色彩，儘管國家小，但是每個國民都能對人生充滿希望，過著幸福而知足的日子，這種能夠爲人民帶來滿足的國家才是國家經營的最高理想。

台灣現有人口已經超過聯合國三分之二的國家之人口數。擁有如此龐大人口的地區，卻無法受到國際組織的承認，依聯合國憲章的規定，確實令人難以理解。更何況台灣目前的外匯存底高居全球第三，GNP也排名全球第十六名，而且還是個實施全民選舉的民主國家。雖然台灣具有領土、人民、主權、政府，及經濟實力與民主制度等條件，已形成一個完整的國家，卻無法加入成爲聯合國的一員，其原因究竟爲何？

台灣隔著海峽與中國大陸遙遙相望，同時經過五十年冷戰對立的狀態，在政治關係上可說漸行漸遠，如今中共頻頻叫囂要以武力解放台灣，還活在五〇年代的思維，眞是一種癡人說夢的自慰心態。

在政治上，中共對台灣進犯策略的第一步，即爲模糊台灣的主權歸屬。中共政局認爲只要堅持「台灣的主權屬於中國」，便能夠將台海問題轉變爲中國的內政問題。如此一來，倘若美國或日本試圖干預中台之間的衝突，都將成爲「干涉他國內

政」的大不諱。強迫台灣按照有利於北京的條件，透過協商解決統一問題，並可能尋求迅速瓦解台灣全民的意志，不讓美國插手干預兩岸軍事衝突。今天中國要求美國強迫台灣接受「和平統一」，表面上說的是中美共同利益，但實際上卻是想併呑台灣，驅逐美國退出亞太的經濟、戰略舞台的一石二鳥手法。

現今，中共經濟快速擴張，使其得以提升軍力並助長民族主義思想高漲，以致可能做出「無法預期」的行徑，中國萬一動用武力，在軍事上將採取先發制人的奇襲戰略，以震撼效果增加聲勢，制台灣或美國等其他可能敵人於不備。美國在台協會包道格認爲台灣與美國均不能忽視兩岸軍力越來越不平衡所帶來的威脅。

◎中共意圖經濟邊緣化台灣

文革時期的中國有如冬眠的大蟲，亞洲四小龍才有發展空間；因時空轉變，現在大蟲透過吸星大法已甦醒，並蛻變轉型成長中，亞洲四小龍的成長空間勢必受限，這是大環境制約的問題。

中共近二十年已逐漸修正社會政治主義，而以經濟邏輯作爲政策制定方向，使大陸經濟快速崛起，經濟實力不容忽視，成爲全球第二大經濟體，使其國家顯得更有自信，也能有更多務實與策略性作爲。當前對台戰略佈局，在政治外交上緊扣美日，以制約對台灣政治疏離的傾向，在經濟層面，吸引台灣資金與技術人才，亦是防獨促統的重要槓桿。

此外，中國透過與東亞簽署自由貿易區，並排除台灣的參與簽署，發揮外交與經貿圍堵效應，進而深化台灣對中國經貿依存關係。尤其中國積極吸引台資的作爲與企圖心，加上中國廣大市場的潛力逐步釋放出來，台灣的競爭力也相對弱化。

台灣經濟確實面臨國際經濟邊緣化的壓力，原因是世界經濟三大區塊加速形成，如二〇〇五年，整個美洲都將成立美洲自由貿易區，歐盟的整合也逐漸擴及中、東歐，以及東協加大陸等三大區塊，其重要經濟體系已加速分別進行簽訂FTA，如日本、澳紐等，但台灣皆被排除在外。根據已成形的FTA經驗，經濟體內貿易活動會大幅提升，但會弱化區域外的經貿關係，對目前高度依賴出口帶動經濟成長的台灣，確實存在極大壓力。

然而，東亞國家間存在很多的矛盾，要簽訂FTA並不容易，且多數東亞國家，特別是較小的國家，如與美簽訂FTA有利於擴展美國市場，而皆有意願與美國簽訂FTA。對台灣而言，台灣具有的強大經濟實力與龐大的貿易總額，應是各國尋找洽簽FTA的主要對象之一。然而，由於受到中國的阻撓及打壓台灣進入國際組織，使得台灣現階段要尋求加入東亞地區多邊或雙邊的FTA皆有困難，似乎對台灣又是另一項打擊。不論日本與中國與東協簽訂FTA，對台灣的經貿發展雖不至於會到「邊緣化」的地步，但肯定都會有負面的影響。

最近大陸與香港簽署的CEPA，根據中經院的研究，這項協議簽訂後，將對香港經濟成長率有2%～3%的貢獻度，對台灣僅有萬分之三負面影響，衝擊不太。不過，假使台灣無法參與東亞地區的經濟整合活動，不只會排擠外來的投資，也會使台灣資金向外面的經濟體移出。

第三節　奮鬥不懈的世界孤兒

當日本因第二次世界大戰被美國打敗，放棄台灣主權而撤離台灣之後，聯合國決議台灣暫委由中國託管，但中國國民黨軍隊卻以戰勝國之姿態，派部隊堂堂開入台灣。而日本人所遺留下來的龐大企業資產，也在國民黨一句「敵產沒收」的口號之下，全數成爲國營、公營乃至於黨營企業，直接納入國民黨的支配之下。

國民黨敗退到台灣之後，堅持「黨＝國家」的獨裁體制，徹底壟斷台灣政治與經濟的發展。這種體制在台灣稱爲「黨國資本主義」，這一點海峽兩岸的國共兩黨似乎如出一轍。

蔣介石所領導的黨國爲其合法化，鉗制台灣人的思維與行動，發動數波的白色恐怖，致使台灣人爲求生存只有延續日據時代習醫、務農；但因時代變化，台灣人則大部分走向中小企業經商之途。

◎強烈的創業精神與勇於新創

台灣商界有句廣爲人知的笑話，那就是「路上隨便一個招牌掉下來，可能就砸死一個董事長」。那是因爲在台灣的兩千三百萬人口當中，竟然有高達百萬人以上的董事長，以人口比例而言，堪稱爲全球首屈一指的「董事長王國」應當之無愧。

但中小企業的生存絕非想像中容易，由於國內的金融市場乃至於各大基礎產業，多爲國民黨所壟斷，對於中小企業的發展可說限制重重。但對於號稱「鐵飯碗」的公營企業而言，效率不彰似乎是全世界共通的現象。因此經營效率低落的黨營、公營企業，完全無法面對國際市場競爭的壓力，對賺取外匯可說無緣。但是當時的國民黨政府卻亟需外匯，所以只好大幅度開放出口產業，這也使得台灣的中小企業一窩蜂地湧入以出口外銷的產業領域。

台灣企業家勇於新創企業。如果說一個經濟體是一部不停運作的幫浦，那麼新創企業就是強化幫浦運作的觸媒劑。新創企業的出現可以刺激廠商間的競爭並激發廠商力加強在研發與創新上的努力，結果將會帶動經濟成長、提升技術層次、創造就業機會，爲經濟注入新血。對於已存在的舊企業，新創企業的出現，將會迫使他們改革，並在促進效率、開發新技術與新產品上尋求突破。

目前台灣的經濟中有相當多的新創企業，新創企業對台灣經濟發展一直扮演很重要的角色。在台灣所有企業約有6%是新設立企業，日本只有3%～4%，而南韓更低到1%左右。二〇〇三年，在三百家上市上櫃的資訊電子廠商中，每股獲利前二十名的廠商就有八家是在一九九七年以後成立的新公司，幾乎佔了一半的比例。這說明了新設公司比較能掌握市場趨勢，也比較能夠擷取市場的利基。他們通常是商機的發掘者，同時也是帶領經濟轉型的先鋒。

新創企業的產生與創投業者息息相關，因爲創投是支持新創公司成立的一股相當重要的力量。台灣是全世界創業投資最發達的地區之一，以創投業活躍程度來看，台灣僅次於美國排名世界第二。雖然二〇〇一年台灣創投業與世界同步面臨衰退，年度新募集的資金由前一年的二百三十六億驟降到六十億，但是到了二〇〇二年就

立刻回升到一百七十五億元。

◎台灣中小企業的韌性

全世界每個角落都可以發現台灣中小企業的足跡。歐洲、美國、日本自不在話下，俄羅斯、中東、非洲或拉丁美洲各國都有台商進軍當地，甚至如地獄的阿富汗、戰火未息的伊拉克，仍可見到台商穿梭其間。

台灣國內企業總數的98％屬於中小企業，依經濟部中小企業處二〇〇三年底統計有一百零八萬家之多。由於近年來台灣的國內市場受到大企業的壟斷，再加上土地與工資的高漲、勞工的短缺，爲數衆多的中小企業被迫出走，但往往缺乏政府的保護，只得在國際自由市場上接受慘酷競爭的洗禮，因此衆多中小企業主都練就了一身堅韌的工夫。在國際市場瞬息萬變的局勢中，培養出極爲敏銳的投資眼光。不斷變動的自由競爭雖然代表著處處危機，但相對地創造出無數的商機。在這種弱肉強食的競爭法則下，中小企業已磨練出精準的洞察力與非凡的判斷力。再者，台灣面對著空前惡劣的國際政治局勢，此種「自立自強的精神」可說是台灣中小企業的另一項特質。

總之，台灣的中小企業在激烈的生存競爭中，不斷地提升專業化與生產效率，同時以敏銳的機動性因應各種局勢的變化。這種因應國內外環境變化的能力，絕非壟斷型大企業所能比擬的。各個中小企業在不同的專業領域致力開發，相互提攜，建立起台商特有的完整垂直與橫向生產供應鏈體系。

◎揮別模仿．進入創新

要正確的做此評估，需從一九八〇年代末至一九九〇年代初台灣經濟面臨轉型的壓力算起。一般對於資訊產業順利接棒都認爲是台灣經濟轉型成功的主要因素，台灣經濟發展因而邁向另一個階段。但是，九〇年代台灣在經濟發展上，是邁向完全工業化國家轉型的第一階段，嚴格說起來還不能說是轉型成功。事實上整個九〇年代都只是台灣邁向另一階段的轉型期，這個轉型期甚至一直持續到今年，而且還

須延續二年～三年之久。

在這裡遇到的第一個疑問，什麼是所謂的「另一階段」？台灣爲何還未到此階段？有兩個抽象的概念在區分開發中國家和已開發國家相當有用，一爲「模仿」（IMITATION），一爲「創新」（INNOVATION）。

在台灣逐漸由模仿進入創新，關鍵在一九九八年以前的期間，經歷一段調適期。模仿是一個比較簡單的工作，風險小，成功的機率較大，自一九九八年後，台灣逐漸脫離模仿階段而進入創新階段，也等於說是由一個比較有保障的環境，進入一個不確定性高的環境。特別是在進入初期，廠商必須要學習如何將創新的產品與技術商品化，以及如何有效開發出符合市場需要的新產品等。這對一向依賴模仿先進國家技術與先進國家銷售市場的台灣廠商而言，自主開發新技術與新產品是一項很大的挑戰，但是台灣又不能不去面對這項挑戰。

在這樣蛻變的過程中，經濟衰退是必然付出的成本，這是台灣廠商脫離安逸的模仿環境，學習適應以自主創新的方式去開拓市場所要付出的代價。此時，經濟的衰退是發生在舊有技術產品已不符市場需要或已不具競爭力，但又無法及時開發出新技術或產品，或雖有創新但尚無法為市場所接受。特別又是遇到全球經濟不景氣時，市場傾向於保守，對新產品的接受程度將會降低。此時舊產品技術已不具競爭力、新的替代品又無法適時接棒，經濟衰退是可預見的。

事實上二〇〇一年，這波經濟衰退對台灣而言，非但必定會經歷，而且也是必要的。為什麼會這麼說？經濟衰退一定會發生還可以理解，因為許多先進國家的轉型也都歷經衰退，但為什麼這一波經濟衰退是台灣經濟發展的必要階段？在經濟轉型期間，國內投資減少是正常的，而隨後的投資增加也是漸進的。

台灣二〇〇一年的經濟衰退即是在上述背景下發生。以往台灣資訊產業的技術產品多是靠模仿而來，因人力成本太高及其他東亞國家的效仿與競爭，造成台灣優勢的衰退。台灣廠商致力於創新並獲得許多專利，但因經驗不足，雖有創新卻無法完全轉換成在市場上的優勢。這年又遇到世界經濟不景氣，在不景氣下，一方面新產品與技術失去試探市場的機會，另一方面，一些舊有的產品會重新獲得市場青睞，

但可惜的是，這些舊產品台灣已不具生產條件。在此青黃不接的情形下，自然出口與產量都要下降。

以整體邏輯來看，台灣二〇〇一年來的經濟不振是進入創新階段的初期所必須經歷的適應階段。在這期間，台灣要拋棄以往模仿的心態，習慣以不斷的創新作爲競爭力的來源。那麼什麼時候才算適應期結束？答案是：一直要到追求創新的技術與產品成爲普遍的實踐，且源源不絕的創新都能在適當的時機接替舊有技術與產品，而不致在市場上發生青黃不接的情形時，此一適應期才算結束。那麼這時期何時到來？現在台灣高科技產業中，追求創新已逐漸成爲主要的競爭力來源，而且大家也認同創新的重要，但是整個過程是持續漸進的，要說出個確切的時間仍實屬困難。

◎產業結構靈活調整邁向科技島

八〇年代後期，經濟蓬勃發展的台灣被動投入國際市場接受自由競爭的考驗。在這種國際政經局勢的壓力下，台灣唯一的選擇便是逐漸脫離勞力密集型產業，致力於產業結構轉型，積極發展技術密集的高科技產業。而八〇年代後期台灣政府與民間積極推動高科技產業的努力，正是今日台灣號稱「電子立國」的重要基礎。而著名的新竹科學工業園區便是最典型的例子。

近十年來台灣高科技產業的快速發展，也清楚地反映在各種相關的統計數據上。一九九〇年台灣電子工業產品的總產值，僅佔全球所有電子零件與產品的2.5％，然而一九九七年底成長至全球市場的36.5％。同時高科技相關產品也高達台灣出口總值的40％，而勞力密集型加工產品卻下降至10％左右，此一經濟結構與日本已十分相似。目前台灣已經躋身世界三大電子產業國家之一，其中尤以半導體產業的發展最引人注目。

目前台灣共有十七項產品的市場佔有率高居全球第一位，其中有十項屬於電子通訊領域。而台灣製的主機板（佔全球市場的60％）與筆記型電腦（佔全球市場的50％）更是其中的代表性產品。在資訊產業的領域中，包括音效卡、桌上型掃瞄器在內的四項產品，從一九九六年起便高居全球第一位，主機板更在一九九六年攻佔

全球74.2%的市場，終端機與鍵盤亦分別達到53%與61%的高佔有率，這些都是台灣引以為傲的世界第一。

對於任何國家而言，產業結構的轉型都絕非易事。尤其像歐、美、日等先進國家，僅是產業結構的比重調整便需長達二、三十年努力的調整期。而台灣卻能在短短六年～七年間，完成根本的結構大轉型。台灣財經界的大老辜振甫就指出，民間企業的柔韌性與活力是完成這項轉變的最大因素。

英國《經濟學人》雜誌曾經針對台灣經濟強勢的祕密，做過細密的分析與探討，指出最重要的關鍵因素係在於台灣企業的「靈活調整」。

台灣的半導體產業之所以能夠在短期之內，超越南韓並且威脅技術先進的日本，主要的原因也在於產業結構轉型的快速。日本與南韓的半導體產業幾乎都掌握在大型企業手中，因此面對轉型的要求時，往往缺乏必須的彈性與敏銳，這一點正是台灣中小企業最擅長的地方。美國的《富比世》雜誌曾經於九八年製作一篇台灣高科技產業的專集，報告中曾經描述「台灣是全球最大的高科技零件供應國」、「高科技產業的快速發展，正是台灣的經濟體制能安然度過亞洲金融風暴的祕密」、「先進的產業技術使台灣儼然發展成爲亞洲的矽谷。台灣以高科技國家的姿態出現在世界舞台上，正是亞洲現代化的最佳典範」，可見台灣的經濟成就確實令世人刮目相看。

第二章　進步台灣・邁向領先

台灣在經濟上的再攀向新高峰是必然的。以台灣歷年累積堅強優越的產業發展基礎、住民的勤奮精神，再次展翅高飛，已指日可待。在做爲群雁之首、蓄積動能前的時刻，正是台灣經濟運用它獨特的彈性與自我調適的能力找尋一個新的方向。

根據世界經濟論壇編製的二〇〇二年國家競爭力排名，台灣在成長競爭力上僅次於美國、芬蘭，在科技及創新項目中，更僅次於美國，全球排名第二。

在轉型的過程中並不是所有事件都以相同的速度前進，也許台灣可以很快的找到新興產業，也許經濟可以充分國際化，但是在社會與生活方式上的國際化程度卻無法跟上產業興起的腳步。台灣沒有一個適合外國人居住的環境。在這方面如果不思改善，將會增加台灣與世界接軌的困難，阻礙外國人到台灣投資，成爲全球運籌管理中心的願景將會延後達成。但若台灣加強促進社會國際化，屆時結合台灣的地理區位，將提供台灣經濟的另一項優勢。

第一節　台灣的優勢所在

以往台灣在勞力密集的時代，競爭力來源只是單純的依靠低勞力成本，最多再配合一些基礎技術，就可以叱咤國際市場。現在由於發展階段不同，所需要的競爭力也不同，培養新的競爭力所需要的條件比以往複雜很多。例如以前的紡織、製鞋，甚至電子廠均可以設在客廳，只要隨便一個環境就可以生產，不需要有太多軟硬體措施的配合。但是現在設立一個半導體的生產工廠動輒數百億台幣，連附近鐵路帶來的些許震動都不能忍受。可見台灣在這個階段的工業發展，需要充分的環境配合。

然而台灣已具備四項主要優勢條件：無可取代的地理位置，高素質的人力資源，堅實的科技與網路軟硬體基礎建設，充沛的資金市場。以下則探討台灣在這四項要素目前發展的情況及未來發展的方向與策略。

◎台灣地理區位的優勢

台灣位居西太平洋花綵列島的中央位置，控制台灣海峽與巴士海峽兩海上交通要道，亦是東海與南海的分界點。爲冷戰時期美國圍堵中蘇共產權勢力進入海洋的西太平洋孤島防線之中心環節，戰略地位重要。雖然世局已進入後冷戰時期，然而隨著太平洋世紀的到來，以及中共海權發展，台灣的地緣戰略價值，不會因蘇聯瓦解與冷戰結束而降低，反而更突顯其重要性。因台灣控制著西太平洋重要戰略的中間兩條戰略水道，爲日韓對外交通之生命線。且爲美國西太平洋孤島防線，防堵亞洲陸地強權勢力進入海洋，挑戰美國在太平洋的海上霸權地位之必要環節。基於此因，中國爲了吸納台灣的戰略優勢地位，不可能放棄台灣。

中國在未來的發展中將強調海洋利益，而台灣正位於中國進入東太平洋的要衝，萬一台灣成爲一個主權獨立的國家，或者與外國力量成爲緊密的聯盟關係，中國的安全利益將會受到牽連，而且將嚴重降低其尋求區域霸權的機會。因此，今後中國對台灣的威脅將日益加重。

台灣位居亞太地區之中心，與亞太五大主要港口間平均航行時間最短，僅需五十三小時，香港則需六十四小時、上海亦需七十八小時、新加坡更高達一百二十四小時。另外台灣與西太平洋七大城市平均飛行時間亦最短，只需二小時五十五分，而香港需三小時五分、上海需三小時二十五分、新加坡則更需四小時五十五分。

台灣的桃園國際機場因地理位置優越，加上過去二十多年來建立了完整的資訊產業供應鏈，爲全球資訊產業的生產與研發重鎮，進而發展成爲亞太地區重要的空運中心之一。然而回顧近五年來民用航空器技術的發展，與鄰近地區國際機場擴建、興建的企圖，已形成對台灣產業競爭力的威脅。

桃園國際機場近十年運量的成長有目共睹，而鄰近國家新機場的建設更是前所未有，自一九九四年日本大阪關西機場啓用以來，接著是一九九八年香港的赤臘角機場、馬來西亞吉隆坡機場（一九九八年）、上海浦東國際機場（一九九九年），以及南韓的仁川機場（二〇〇一年）等，加上其他現有主要機場也積極進行擴建計

劃，以強化其機場站之競爭力。然而詳細研究現代化機場的規劃，可以發現大多數的機場皆以興建四千公尺跑道爲其場站設施的主要設計目標，其次是發展航空貨運中心，建立物流運籌的基礎建設，因此規劃的場站面積皆頗大，不僅能滿足航空運輸之需求，同時滿足未來國家產業發展的需求，例如自由貿易港區、物流運籌中心等發展概念，皆列爲主計劃之規劃項目，因此桃園國際機場的競爭力正面臨著空前嚴重的挑戰。

回顧桃園國際機場的建設只侷限於因應航空運輸量的需求，無法提供全方位機場的服務功能。例如機場現有場站設施不足，無法提供航太維修相關工業用地等其他民航相關業務。在國家整體發展之宏觀架構下，假使現有的機場無法改善，負責國家整體發展的相關單位是否考慮到其他的替代方案，特別是桃園國際機場的備降問題，一直沒有進行深入探討。國家的公共建設是否有配合產業發展的需求，國家的「全球佈局、根留台灣」策略應如何落實，都是嚴肅的問題。所以台灣南部地區是否需要一個現代化的機場以符合產業的需求，又中部建一個南北共用的備用國際機場，應是政府需要儘早思考的產經決策問題。若是決定要興建，其功能需求如何，以符合強化國家整體之競爭力，更是需要未雨綢繆。而其前置作業，如環境影響評估、聯外交通之規劃，及土地取得等種種問題，皆應儘早進行。

◎人力資源與環境的優勢

由於戰後國民黨厲行獨裁統治，獨佔所有台灣天然資源產業與大型民生工業，導致許多中小企業必須前往海外尋求一線生機，而當時的年輕人也在白色恐怖的壓迫之下，紛紛遠離家鄉負笈海外，期盼能呼吸到一點自由的空氣。由於台灣的男性有服兵役的義務，因此大多數前往國外留學的台灣學生多進入研究所就讀。八○年代末期，台灣的政治逐漸民主化爲吸引人才回流的重要因素。許多前往歐美與日本留學的優秀人才陸續返回台灣參與產業升級的行列，扮演著引進先端技術的重要角色。

目前台灣每年有兩萬名學生出國留學，其中大多數選擇以美國爲留學的目的地，

平均每四名留學生之中有一名取得博士學位。根據每年的統計數據可知，一年之中約有三千～四千名台灣留學生會取得博士學位，因此推算至今應產生十萬名以上的留美博士。而且前往美國留學的台灣學生當中，高達九成的人以理工爲主要的研究領域。原因是，美國早期以攻讀理工博士較易申請到全額獎學金之故。

台灣的科技基礎是奠立在科技人才之上。除了早期的工研院電子所外，企業才是眞正培養科技人才的場所。精確的說，台灣科技的基礎是由分散在各個企業的科技人才所組成的。這引發另一個值得深思的問題：台灣的科技發展是否太過集中於資訊電子業？答案當然是肯定的。產業發展集中在資訊電子業上未必不好，這樣可以強化專業化生產。但是在科技人才的培養上，似乎可以更廣泛的播下新興產業的種子。所以除了專業化之外，培養多樣化的科技人力，以適應多樣產業的需求。

二〇〇二年，美國電腦業的兩大巨擘，惠普與戴爾相繼在台灣設立研發中心，藉以利用台灣優良的研發環境與高品質的研發人才。除了這兩大跨國公司外，其他美國高科技廠商亦紛紛選擇台灣爲研發基地。其中有些廠商曾落腳上海或北京，但因成效不彰，最後又將基地轉移至台灣。雖然大陸亦有為數不少的科技人才，但多缺乏經驗，在市場與相關觀念上落後西方國家甚多，不像台灣研發人才具有經驗又能掌握市場的脈動。在國外廠商青睞台灣研發能力的同時，國內本土大廠例如廣達電腦投資三百億台幣於林口，設置一包含三千名研究人員的研發中心，鴻海精密則在台北縣土城投資設立研發中心。

在台灣科技產業的另一個戰場上，威盛電子對英特爾提出侵害智慧財產權的控告。此一控訴的意義是，台灣不再只是模仿國際先進大廠，而在某些技術上已領先如英特爾這樣世界頂尖的廠商。在這場官司中，英特爾最後提出相當優厚的和解條件，包括簽訂為期十年的交互授權協定，並讓威盛取得許多英特爾新授權產品。台灣的威盛電子，成立僅十年左右，所擁有的專利數已將近一千件，英特爾這位前輩巨人所擁有的專利數也不過八千件。在威盛所擁有的專利中，有許多是相當關鍵的技術，英特爾不得不以優厚的條件尋求與威盛和解。

根據美國商業部於九十八年二月二十三日所發表的統計報告，在全美取得商品

銷售專利權的件數方面，一九九七年的國別順位分別爲日本、德國、法國、英國與加拿大，台灣則以二千五百九十七件緊跟在後，爲全球的第六位。反觀中國則僅有六十六件，可知台灣的技術能力已經逐漸趕上歐、美、日等先進國家的水準。依數據顯示，二○○二年台灣在美國獲得核准專利數達五千四百餘件，居全球第四名，僅次於美國、日本及德國，超越法國、英國、加拿大及南韓等國家，以台灣這麼小的腹地及人口，卻能申請這麼多的專利，這顯示台灣產業界在投入技術研發及專利上的努力。

◎善用科技的基礎建構優勢

資訊與網路科技的發展與普及，已使它們成爲企業營運不可或缺的工具。面對全球化時代競爭，網際網路已爲企業提供一個全新的商業領域，不但爲企業帶來新的商機，並且提供企業高效率的生產、管理與行銷模式。企業應密切注意並有效結合資訊和網路科技的進展，善用這些現代化的工具，不斷降低營運成本，提升企業的營運效率和對顧客的服務績效。

網路科技的發展和應用已顛覆了許多傳統的思維和企業經營模式。譬如，網路直銷模式，如戴爾電腦的接單組裝（build-to-order）模式，可大幅降低存貨、運輸及其他成本，並可滿足顧客量身訂做的要求。網路科技的普及也使各種線上交易方式日益盛行，不論是企業對企業（B2B）、企業對消費者（B2C）、消費者對企業（C2B），或消費者對消費者（C2C），都不斷普及，快速擴展。

對企業來說，B2B的重要性則是毋庸置疑，從事B2B的產銷活動，已經是一個企業生存的必要條件。它可以提供台灣廠商與跨國企業買主間的交易平台，也可以強化台灣企業對跨國企業間的生產與技術服務。如果沒有這個工具，企業體將喪失許多在全球化下獲利的機會。更重要的是，E-commerce對台灣廠商而言已經是一個很重要的整合供給鏈上游與下游製程的重要工具。

台灣企業通常並沒有像歐美、日本或南韓跨國企業般的大規模，也沒有像他們一樣擁有豐沛的資源，但是台灣的中小企業卻具有整合不同資源的能力。不像南韓

大企業，台灣的資源不是由單一廠商掌握而是分散在不同擁有者手上。這樣的型態要整合起來並不容易，但是以往台灣廠商卻成功的做到了。在分工日益細密，廠商關係日愈複雜的今天，整合連繫通信的工作已越來越困難；但幸運的是，網際網路的出現大幅降低廠商間的整合成本，台灣的優勢非但重新恢復，並且發揮的更淋漓盡致。

◎台灣發展爲金融中心的優勢

台灣憑藉優秀產業、開放市場，及台商與中國市場間的深厚關係，絕對有條件超越香港與上海，成爲「大中華區金融中心」。花旗銀行台灣區陳子政總裁強調，企業在台灣籌資的優勢優於大陸資本市場，因爲僅有在自由、民主開放的市場國家，金融的活動才能蓬勃的發展。

在台灣政府的開放下，發展金融商品的天空較寬廣；積極發展衍生性金融、結構性、匯利率對沖等型態的商品。原本預估，SARS不但讓國內消費萎縮，也會影響下半年出口。不過，現在看來，不但台灣的出口業務恢復正常，電子業更加蓬勃。銀行方面，也感受到客戶需求增加了。二〇〇三年底，花旗總部針對全球投資市場的風險，進行全面性的評估，其中對台灣的看法，美國花旗銀行總部對於台灣的經濟情況，相當有信心。

美國不相信中國會因爲美國或其他國家的壓力，讓人民幣升值。那是民族性的問題，施壓反而會造成反效果，但筆者認爲人民幣升值只是時間問題，但升值的背後原因，絕對不會是美國對大陸施壓的結果。

台灣和中國間的關係相當密切，中國因爲加入世界貿易組織開放市場後，變得有潛力。而台商在中國具有語言與文化上的優勢，甚至台灣與大陸間的差距，比香港與中國間的差距要來得小。花旗銀行認爲，未來三年到五年還是會在台灣進行籌資，以後視中國對人民幣政策變化再做調整。

說實在的，筆者看不到上海有很大的機會。因爲，金融市場的開放程度是很重要的。若選擇一個地方當作區域金融中心，上海的限制比起台灣還要嚴格十倍，要

解除這些限制，個人認爲不是件容易的事。因爲越開放，越有機會成爲金融中心，業者的心態很簡單，限制太多就到別的地方去做生意，這是很現實的。

台灣有相當成功的產業，不單是在台灣成功，更是可以走入全世界和別人競爭，這些企業甚至有的已90％在大陸生產，這點就是台灣的優勢。再者，台灣財富創造的能力非常強，也就是說，作爲一個經濟體系所能賺錢的能力。香港現在已完全失去這樣的能力，從一九九七年回歸大陸後就看不到，因爲整個資產都縮水了，失業率從2％飆升至今年的8.7％，消費力道轉弱，且作爲大陸與其他國家中介角色的功能已逐漸被取代。

第二節　歷經百戰的台灣經濟

當兵時，聽軍中曾歷經北伐與八年抗戰的老士官長口沫橫飛的說：「如果一個人經歷三場的遭遇戰還能活下來，以後要讓他死還眞難啊！」

一九九六年台灣正式邁入人民自治之際，中共即以飛彈武嚇，一九九七年東南亞的金融風暴，繼之一九九九年的中部發生九二一大地震，二〇〇三年初廣東引發的SARS，二〇〇四年初，又是中國暴發的禽流感病毒，再加上通貨緊縮的陰影始終揮之不去。使得台灣這三年來經濟的發展不順，再加朝野對抗，致使國內處處充滿著悲觀氣氛，甚至已經有人開始預測台灣經濟發展大限不遠；甚至有前朝高官，說台灣在綠色執政下，將成爲另一個菲律賓；更有人戲謔的說，台灣經濟不會死，只是會慢慢的凋零。這種悲觀心態更進一步動搖投資人與消費者信心，削弱台灣經濟的活力與創造力，對台灣經濟發展所造成的負面影響將更甚於經濟衰退本身。

二〇〇三年之上半年台灣經濟雖是持續的艱苦，但這些都只是短期的現象，台灣的經濟基礎雄厚，現在台灣經濟已逐漸脫離泥沼，未來的經濟榮景可期。所謂要跳得高先要蹲得低，目前台灣就像正伺機準備一躍而上的明珠選手。

◎經濟再躍高峰前的下蹲情勢

翻開台灣經濟發展史，台灣經濟歷經幾次成長停滯與成長率滑落的情形，其中

最爲嚴重的爲一九七四年成長率由前一年的13％，一年之間掉落到1％；其他如一九七八年～一九八二年，經濟成長率由14％一路下滑到4％；及一九八七年成長率高達13％卻持續滑落到一九九〇年的5％。這些成長停滯背後都有顯而易見的因素可以解釋，例如一九七四年是因爲第一次石油危機，一九七八～一九八二年受第二次石油危機及世界經濟不景氣的影響，一九八七～一九九〇年爲台幣升值、勞工成本高漲及全球PC市場不景氣等。但是以往不論台灣經濟成長率如何滑落，都仍高於美國或全球的平均成長率。上列各次經濟上的挑戰只能說成長停滯，到了二〇〇一年，台灣發生了歷年以來首次的經濟衰退（負成長）。台灣經濟在二〇〇〇年尚稱穩健樂觀，成長率達6％，但至二〇〇一年突然滑落到負2.2％，堪稱在整個台灣經濟發展史上相當罕見的現象。這年另一個獨特之處是，在以往無論台灣成長率如何滑落，皆仍高於美國及世界成長率（除了一九七四年台灣經濟成長率高於美國但不如世界平均水準），但在二〇〇一年，台灣經濟的表現，首次同時低於美國及世界平均水準。儘管於此，若以成長率滑落的程度來看，二〇〇一年較前年滑落8％，尚不如一九七四年一年之間成長率滑落了12％來的嚴重。

在一九七四年石油危機，石油價格突然高漲，國際市場需求不振，以往高速成長突然停止。此時，有些工業國家持相當悲觀的看法，例如當時日本首相三木武夫在一九七五年一月告訴國會，日本的繁榮已到盡頭。但是，對台灣而言，沒有人看衰台灣經濟，大家都相信，只要危機過後，油價趨於穩定時，台灣會立即恢復以往的成長軌跡，事實證明也是如此。這種由突發國際事件造成的經濟一時不振，對未來的發展沒有深遠的影響，重要性也不高。第二年台灣成長率即上升至5％，一九七六年更高達14％。

另一嚴重的挑戰是在一九七八～一九八二年間，世界經濟因第二次石油危機及其他因素陷入長達四年的不景氣。對出口依賴甚巨的台灣，深受世界景氣波動的影響。台灣經濟發展與世界景氣的連動率高達78％，與美國景氣的連動率亦達63％。在此情形下，如果世界經濟陷入長期的不景氣，台灣經濟亦將無法倖免。不論如何，這些都是外在環境因素，並不涉及深層的核心競爭力問題，只要環境一改變，成長

將會立即恢復。

台灣在一九八七年～一九九〇年間眞正面臨功能衰退的困境是台幣快速升值，勞工成本高漲，台灣經濟成長率在此期間大幅滑落，長達三十年的勞力密集成長模式也自此結束，經濟發展正式進入另一個新階段的挑戰。那時候國內也是一片悲觀，傳統產業的成長已到極限，最有希望的明日之星—資訊電腦業，又遭逢不景氣，全世界掀起一股資訊廠商倒閉的風潮，前景十分不樂觀。學者紛紛指陳台灣正面臨結構性轉變與經濟轉型，企業亦對台灣失去信心，紛紛外移至他處。工業生產出現罕見的衰退，對台灣經濟的前景更是雪上加霜。

在當時，台灣找不到下一個替代傳統產業的新興產業，雖然還有5％～6％的成長率，但大多數人認爲台灣經濟發展遇到嚴重瓶頸，要成功轉型恐怕困難重重。由於過去賴以生存的競爭力—低廉的勞動成本已經喪失，新的競爭力尚未形成，台灣經濟正處於十字路口。經濟學人更將一九九〇年視爲台灣經濟奇蹟的終點；在該年六月的一篇文章中，經濟學人在開頭第一句即向世界宣示：「奇蹟結束了，台灣人民的信心正在消逝中。」（The miracles are over, and Taiwan's people are losing faith.）

然而奇蹟並沒有結果，即使在七年後的東亞金融風暴中，當所有人都急忙宣布東亞國家經濟壽終正寢時，更何況在一九九〇年代初期的經濟轉型不順利，原本不看好的資訊電子業接棒，成爲台灣近十年的發展動力。在一九九〇～二〇〇〇年間，經濟成長率仍維持平均6%的幅度。雖然比起一九七〇年代與一九八〇年代的平均9%下降一個階梯，但仍然優於世界其他各國甚多。

資訊業電子業在一九九〇年代的發展締造了東亞發展歷史上的另一項奇蹟。除了少數的領域外，幾乎在每一項重要的資訊電子產品台灣都佔有相當重要的地位。

歷史數據告訴我們，台灣經濟在歷經三次危機與衝擊後仍然健全如昔，不但沒死，更沒有凋零。反而是創造一次又一次的奇蹟來回應這些挑戰。這個打不倒的經濟小巨人現在又面臨世界資訊業市場的飽和及中國強力挑戰等雙重壓力。二〇〇一年的衰退即部分反映了這些壓力。是不是這次台灣眞的開始要邁入長期衰退？是否是一切經濟悲觀論的開始，讓我們好好看一看那年到底發生了什麼事。

我們先從二〇〇一年的總體表現開始。這年台灣經濟成長率爲負2.2％，不但是歷年來第一次負成長，在東亞國家中敬陪末座，整體東亞地區的平均成長率爲5.5％，世界整體經濟成長率爲1.1％，就連經濟陷入泥沼的新加坡成長率都要比台灣好，而經濟展望不佳的香港，那年也有0.1％的成長率，更不用說大陸7.3％的高成長。二〇〇一年台灣國內投資也是面臨首次嚴重的衰退，比起前一年竟衰退了兩成，出口同樣面臨將近兩成的衰退，而工業生產下降7％，這些衰退都是歷年來所未見的；再加上高漲的失業率，使島內瀰漫一片悲觀氣氛，各種看衰的言論於是紛紛出籠。

項目　年度	1999	2000	2001	2002
國內生產毛額成長率	5.4%	5.9%	-2.2%	3.5%
固定投資成長率	1.8%	8.6%	-20.6%	-2.0%
出口（十億美金）	10%	22%	-17.2%	6.3%
工業生產年增率）	7.7%	7.4%	-7.3%	6.4%
勞動生產力成長率	7.05%	6.12%	4.01%	7.66%
民間消費成長率	5.4%	4.9%	1.0%	1.9%

表：台灣近四年經濟表現（資料來源：行政院主計處）

為什麼二〇〇一年台灣會有如此令人驚訝的表現？事實上，自二〇〇〇年下半年起，台灣經濟即出現警訊，那時民間消費、民間投資、工業生產與進出口都呈現大幅滑落的情形。雖然二〇〇〇年經濟成長率仍達5.9％，但已是東亞四小龍中表現最差的，相較之下，新加坡、南韓、香港的經濟成長率比台灣高出甚多，分列為10.3％、9.3％、與10.5％。

追溯原因，主要是受到國際經濟不景氣業的影響，國際資訊市場需求不振造成依賴資訊電子出口甚深的台灣面臨出口與工業生產雙雙滑落的窘境，也是造成國內投資不振的原因。其實，早在一九九九年初，從世界各專業研究機構所發表的數據，整理統合分析，已可察覺，一點都不會感到訝異。怎奈當時執政官員都沈醉在台灣未受金融危機影響的驕傲中，認為以台灣這麼強健的體質，怎麼可能會遭遇經濟衰退？結果不到一年半的時間，經濟衰退就眞的來報到了。

事實上，筆者當時參考《易經》卦象對照分析，認為台灣可能將要發生的不景氣，是因為台灣經濟發展已經開始逐漸走入另一個階段，在此轉形期中，台灣許多

地方並未完全達到新階段的要求，因此產生弱點。在舊有優勢消失，新優勢尚未形成時，經濟衰退當然很有可能發生。

若以台灣廠商獲得美國專利件數來看，則可發現台灣的確正在向創新階段邁進。自一九九七年到二〇〇二年台灣每年獲得美國核可的專利件數由二千五百件激增到六千五百件，在數目上僅次於美國、日本與德國，若以每人年平均獲得專利數來看，台灣更是位居世界第一，這是台灣所創造的另一項奇蹟，確定台灣的發展正在進入已開發國家的創新階段。

◎信心是經濟復甦的指標

台灣經濟發展的實質面與客觀面都還十分樂觀。在心理上的影響則比較令人擔心，國民的心理會影響經濟發展這已是不爭的事實。中國經濟之所以能夠快速發展，有很大部分源於國民想要脫離貧窮的強烈企圖心；同樣的，南韓經濟之所以能快速復甦，南韓人民愛國主義的表現功不可沒。

根據研究發現，如果國民普遍有追求成就的心理需求，則經濟成長容易達成。反之，在國民成就動機不強或在舒適而無鬥志的環境下，經濟成長的誘因將會下降。我們觀看一九三〇年代的大蕭條就知道，大蕭條的英文是（**GREAT DEPRESSION**），**DEPRESSION** 有沮喪的含意，隱含著心裡沮喪與經濟蕭條間相互強化的關係。一九三〇年代美國總統羅斯福推行的新政有很大部分就是針對改善國民沮喪的心理，例如推動社會福利措施使人民獲得最低生活保障，以及加強規範經濟活動使人民在政府規範下產生安全感等。

同樣的，台灣經濟之所以尚無明顯起色，部分即歸因於台灣人對台灣未來的經濟喪失信心。而最近幾年，台灣社會對經濟前景充斥著一股灰色的論調，所持的理由是新政府陳水扁總統沒有執政經驗，將使台灣經濟萬劫不復。在全球化的時代裡，政府對經濟發展的影響力已經減少，很多政府的政策效力在全球化浪潮會被沖淡稀釋，尤其是台灣這樣一個自由化與國際化的經濟體，更容易受全球化的影響。所謂「萬能政府」的時代已經過去，政府目前最主要的工作是做好基礎建設、服務業的

心態，而不是領導產業發展。

受政治因素影響較大的是投資者與消費者的心理。政治的混亂與悲觀論調的充斥會使投資者對台灣失去信心，並高估投資台灣的風險。對消費者而言，悲觀的氣氛也會使消費者失去信心，結果是人民減少消費，保留現金，國內市場規模縮小，最後會有通貨緊縮與經濟衰退的風險。台灣的經濟對國內外經濟條件的變動具有高度的敏感性，一個風吹草動很容易把他們嚇跑。

但台灣的企業從來就不是生存在養尊處優的環境中，與國際大廠合作需要接受大廠的嚴格考驗，因此具有一定的韌性。這些國際客戶都十分挑剔，波特曾經說挑剔的國內外客戶是企業具備國際競爭力的條件。台灣廠商面對挑剔客戶，不是來自國內而是出自國際大廠。他們對台灣廠商嚴苛的要求正是台灣產業升級的動力。在國際客戶嚴厲的要求下，台灣廠商不可能過於安逸而懈怠，相反地，也因爲長期處於戰戰兢兢的環境及警戒狀態，也比較敏感或連動於市場的變化。

在整個台灣經濟發展史上，台灣企業很少對未來感到悲觀，目前的情況可說是十分特殊，對經濟未來過度無理性的悲觀會使經濟發展陷入惡性循環，一些跡象顯示台灣已經位在這個惡性循環的開始。導致惡性循環的心理因素上並未忠實的反映現實狀況，很多是以訛傳訛所造成。相信，只要台灣不要被自己的恐慌所打敗，就絕對不會被客觀經濟環境所打敗。

儘管中國的興起是很多人所顧慮的，但是台灣可以選擇與中國一起成長；甚至帶領中國成長，沒有人可以確定的說在大國身旁的小國必定會被大國所吞食。其實與中國一起成長並不難，有很多方法可以達到這個目的，只是現在兩岸間的經貿關係尚未穩定，彼此分工還未正式形成，一個眞正能使兩岸一起成長的模式尚未出現。但只要台灣島上的住民認同台灣是一個完全主權獨立的國家，以台灣的民主、自由及企業靈活的應變能力，在 WTO 架構下兩岸的交流自然恢復正常，必能很快的找到與中國共存，並帶領中國發展的藥方。

◎經濟再攀新高峰的預兆

不論是投資、專利數目、高科技出口及勞動生產力在不景氣中的表現都透露出台灣經濟將要再攀新高峰的徵兆。台灣的經濟具有驚人的韌性，能快速調整自己因應一次又一次的危機和挑戰。這主要歸功於台灣採用自然市場經濟原則，維持經濟的高度自由。如此，企業才能靈活的探求市場的商機，隨時掌握並配合市場的節奏與脈動。在遇到瓶頸時，也能以敏銳的嗅覺，很快的抓住應該調整的方向。過去四十年來在國際市場所累積的經驗，更是建立台灣適應國際環境變動的有力基礎。

台灣的廠商除了靠勞力與技術外，還有一項優勢就是對市場的瞭解與掌握程度要比其他國家強很多。這是因為以往台灣廠商多為中小企業，這些企業無法與其他國家的大企業在主要市場上競爭，因而必須不斷找尋利基市場。所謂利基市場多是指規模較小的市場，這些市場可能是剛剛成形，大企業尚未發覺或規模尚未大到足以吸引大企業的進入，但是對中小企業而言卻是一個很好的發展機會。要發現利基市場並不容易，必須對市場十分瞭解，包括對消費者的喜好以及未來產品走向的掌握等。

台灣企業對市場的掌握以及技術層次的快速發展創造出台灣經濟體的韌性，此一韌性能使台灣快速因應世界市場的變革，也是經濟永續成長的保證。這兩大優勢最近均無衰退的趨勢，相信只要台灣持續維持自由開放的市場經濟體制，沒有人能夠阻止台灣經濟發展與企業成長，民間的活力與韌性自然會在最惡劣的環境中找到出路。台灣再攀新高峰有很多部分已經在實現中。

依照過去經驗、現有經濟情況，及參考其他各國的先例來評估。台灣經濟再攀新高峰已不是一件遙遠的事，很可能在近期內就會發生。台灣在一九八〇年代末及一九九〇年代初的最艱苦的轉型中，前後也不過歷經兩三年。許多先期指標可以驗證這個必將發生的事實。由世界經濟論壇每年發佈的全球競爭力評比中，即使在最艱困的二〇〇一年，台灣的競爭力排名還大幅上升爲第七名。在科技創新程度上更高居全球第三。二〇〇二年，台灣的全球競爭力排名持續竄升至第三名，僅次於美國與芬蘭。這表示導致台灣在這一波經濟衰退絕非整體競爭力衰退，而是因爲國際經濟不景氣、經濟轉型及台灣有史以來第一次政黨和平的輪替間所產生部分不適所

致。台灣經濟成長衰退而競爭力卻持續上升的情形十分值得探討。

問題是競爭力提升，爲什麼經濟表現沒有同步提升?因爲世界經濟論壇的競爭力指標是經濟發展的先期指標，它不是以事後經濟表現來測量競爭力，而是將競爭力的本體區分成幾個要素，以此度量一個總體競爭力。當一國家競爭力上升時，不一定會立刻反映在經濟表現上，競爭力要轉化成實際經濟表現需要一段時間。當然，可以確定的是，當所有條件相同時，競爭力強的國家要比競爭力弱的國家更容易擺脫衰退，邁向成長。因此，像台灣這樣一個競爭力強大的國家，只要一有機會很快就會反轉向上。

另外一個指標是，二〇〇三年由商業周刊評選的全球百大科技中，台灣有十一家廠商入榜，僅次於美國，高居亞洲國家之首。在入榜的廠商中，鴻海與仁寶擠進前二十大，鴻海並高居第八位。這些個別廠商的優異表現，已經透露出台灣資訊產業復甦的跡象。事實上，由今年上市上櫃的資訊電子業廠商表現來觀，台灣經濟再攀新高峰應是指日可待。

第三節 進步台灣邁向領先

台灣以往與國際經濟接觸比較多的是以出口的方式，其次是接受外商來台直接投資。台商本身對外投資原本不多，一直到九○年代中國投資熱出現後才較積極。基本上台灣是一個相當國際化與自由化的國家。在九○年代，全球化速度加快，經濟體必須與國際社會更加融合才能在全球化的環境中生存。以此來檢視台灣，台灣經濟本質相當適合全球化的環境，現在正在走的路也是一條全球化的路。就像六○年代一樣，誰先從事國際化的出口誰就先在國際市場上佔有一席之地，而九○年代的新說法是誰先從事全球化，誰就先進入「贏者圈」內。現在想要進入贏者圈不是只靠出口就可以達到，而是必須要具備有出口競爭力、外商對台投資以及全球佈局三管齊下才有可能。

依台灣的優勢地理位置，再清除人爲的投資環境障礙，使貨物可以暢行無阻，人員可以方便進出，企業則能夠從容佈局，加上卓越的經營管理能力，豐富的加工

出口經驗，完整的產業上下游結構，充沛的研發創新人才，必能脫穎而出，成爲國內外投資者爭相依恃的武器，何憂不能使近者悅、遠者來乎。

◎自由開放的環境市場經濟

在知識經濟的時代裡，創新成爲經濟成長的動力。創意的產生需要一個自由開放的環境。以往南韓因爲有財閥的牽制，阻斷了許多新創意的出現。而台灣的經濟自由度一直在東亞國家中名列前茅。在開放即是競爭力的原則下，台灣經濟成長從來不是靠保護主義。再加上台灣對外開放程度很高，企業頻繁的與世界市場互動，形成一個良好的跨國知識流通平台。在這樣動態又充滿活力的經濟體制中，新的創意將源源不斷的出現。企業在此環境中擁有充足的市場資訊與自由活動的空間，對市場脈動的掌握與應變比政府強許多。下一波新興產業在自由市場經濟下會自然的產生，政府應做的只是被動的回應企業的需要即可。

然而，有件事情是政府必須事先要做的。新興產業的產生與壯大，與國內有無該產業人才有關。如果台灣具有發展某一新興產業的環境，卻無足夠的人才，勢將阻礙該項產業發展，要避免此一情況發生，大學教育必須「服務業化」。也就是說，經營大學要像經營服務業一樣，大學的功能除了基礎科學與人文教育外，必須扮演服務企業，爲產業提供人才的角色。政府的工作則是引導大學的經營朝向服務業的方向發展。

爲了使大學扮演好此一功能，有幾件事情必須做的。

一、大學必須與產業界有良好與密切的互動。

二、大學有權視市場的需要，自由調整系所設立與招生數額。

三、國內大學必須加強與國外知名大學互動與交流，以確保在經營方向與教學品質上跟得上國際腳步。如此大學與企業結合、人才與就業市場結合，不但能即時提供新興產業對人才的需求，也可以解決失業問題。而當新的商機出現或經濟發展遇到瓶頸時，更能經由自我調適的功能而發展出新的產業。

◎完整供應鏈的產業群聚

在台灣經濟發展史上，台灣企業向來就不是以單兵的方式去攻佔國際市場，而是以集體如網路形式、螞蟻雄兵式來開疆拓土。這種集體作戰的方式是台灣產業的特色也是優勢之一。藉由產業群聚，廠商在資源上可以互補，可以擴張經濟規模，而不失原有的彈性。由於產業群聚的形成，一個國家可以在該項產業中，形成完整的供應鏈體系，加快生產與研發的程序。在一切講求速度的全球化時代中，產業群聚成為一個不可缺少的組織。

台灣的資訊電子業與機械業的產業群聚十分完善，一向是台灣重要的優勢產業。以資訊電子業而言，新竹科學園區是主要的群聚，園區上中下游廠商體系完整，群聚中廠商彼此間有合作也有競爭關係，不但提供廠商相互間的支援，同時也提供彼此經由競爭而成長的機會。競爭力異軍突起的企業可以拉拔其他企業也跟著升級。園區周圍的研究與學術機稱，更為園區提供充沛的人才與研發資源。

以台灣的產業發展型態來看，仍應以產業群聚爲一個作戰單位。特別是在新興產業形成時，即要立刻致力於群聚的發展。這方面可能需要政府的協助，例如園區的設置、研發中心的設立及其他網路設備的架設等。事實上新興產業可否形成以及它形成的速度需要看產業群聚建構的情形。建構完善的產業群聚實爲發展新興產業的首要工作。

產業群聚的成員因外移而快速變更，舊的成員移出而新的成員加入，在快速移出移入的過程中自然會產生調適問題。因此，有人擔心資訊電子群聚會因爲廠商的外移中國而瓦解的問題，這是一個過度憂慮的看法。此一調適問題將會隨著時間的累積而逐漸自然完成，群聚內的廠商會有所變動，舊的廠商外移，但仍會有新的廠商加入，新的合作模式也會逐漸形成。經過新舊汰換的產業群聚會比以前更有活力與創新能力。

今後重新建構產業群聚的一個重要方向是，產業群聚必須轉向有利於創新與研發。也就是說不論群聚內的構成，彼此合作或競爭的方向都必須由以製造爲主轉向

以創新研發爲主的互動。新的產業群聚必須納入更多研發與技術服務單位，這些單位可以作爲廠商之間合作的媒介以及成爲整合不同廠商研發與技術資源的機制。

另外，產業群聚雖然具有區域性，但絕不能故步自封，只重視與群聚內的合作和溝通，而忽略從事國際化的工作。因爲若不積極與國外接觸，群聚會變成一個封閉的體系，無法接受外來的刺激，最後一定會因缺乏活水注入而衰亡。由於一國資源與文化的限制，僅依賴國內的資源、人力，與機構的整合所達到的創新有其極限。眞正能夠維持不斷的創新動能的是來自外部的刺激。因此建立及維持一個與國外大學、企業，與研究機構之間的合作與整合才能建立一個有效持久的創新體系。

◎整合全球資源融入世界

在全球化下，廠商可以運用全球不同的資源稟賦來降低成本，提高競爭力。如何整合全球資源就成爲廠商在全球化下生存的必備能力。而成功的運用全球資源，首推的是新加坡；新加坡的經濟發展向來依賴外資甚深，外商在新加坡的數目衆多。

僅美國一個國家就有三百多家公司在新加坡設立。外商對新加坡的經濟發展貢獻很大，近幾年外商投資新加坡的金額大約占新國國內投資總額四分之一左右，高於日本、南韓甚至台灣、大陸甚多。

早在一九六〇年代新加坡即制訂許多促進外商投資的政策。除了享有各種稅賦上的優惠外，外商在新加坡擁有百分之百的所有權，並可自由將利潤匯出。藉由衆多外商的進入及隨之而來的技術轉移與擴散，新加坡很快的從外商學習先進的技術，產業因而有效升級，又十分善於利用國際合作來提升本身能力。

這個啓示，代表小國其實可以在全球化下活得很好，因爲國家小，國內市場需求不太。荷蘭與比利時亦是很好的例子，且台灣的資訊產業，佔有世界相當大的市場，不可能將市場限定在某區域內，而且台灣資訊產業功能分佈很廣，例如在製造上與中國形成一個單位，但在銷售、研發與物流上又與美國形成一個單位；在資訊產業可能與某些區域形成一個經濟單位；但在生物科技上又與另一地區具有分工關係。地理上的區域在這種分類下已是毫無意義，台灣也不可能完全納入某一個區域

內，疆界眞正變得完全不重要。在完全沒有疆界下，台灣不同的經濟活動融入世界不同的區域中，與世界完全融合在一起。如此台灣才能不受區域疆界的限制，而達到完全有效運用全球資源的境界。

台灣自八〇年代起，許多企業紛紛從事對外投資而成爲跨國企業，開始從事整合全球資源的工作。但是，台灣的跨國企業較缺少全球規劃與資源配置能力。多數台灣廠商的對外投資並不像歐美企業般是爲了市場的寡佔利益，或靈活的將不同的經濟活動設置到全球最適當的地方。相反的，對外投資多屬防衛性；也就是說，台灣對外投資只是迫於國內勞工成本及其他生產成本的節節上升所不得不採行的措施。台灣對外投資中幾乎一半以上是到中國。很明顯的，這些投資的目的只是爲了生產上降低成本。台商對外投資中，高達60%以上的投資是投向製造業，而投向貿易部門的只有5%。

另外，由於台灣企業的規模還不夠大，商業運作又太過分散，且台灣廠商從事全球佈局的時間還很短，經驗稍嫌不足，因此在執行上還有點生澀。一些早一步從事全球佈局與具有良好的整合能力的廠商有的已經豐收，例如鴻海精密因成功的建立全球運籌網路，如今已在業界有不可搖撼的地位。相信往後在全球化市場力量的驅動下，會有更多的廠商自動從事全球化佈局；在台灣設置營運中心或運籌總部，至於管理的技巧與策略，台商可與歐、美、日本跨國企業合作，學習管理的KNOW-HOW。

◎投資台灣．立足台灣

在全球化的時代裡，外資的角色越來越重要。以往台灣資訊電子業之所以會發展，許多是受惠於外商。外商的進入一方面可以帶動技術升級並刺激經濟成長，另一方面可以彌補國內經濟功能的不足。一個國家經濟要成長、產業要升級必須有許多條件的配合，尤其在全球化下更是如此。

台灣對於外資的進入雖然不像中國那麼多，但是若以外資與國內投資的比例來看，自一九六○年以來台灣的比例一直較日本與南韓爲高。在二○○一年，外商直

接投資日本的金額為六十二億美元，佔日本國內投資總額的0.5％，而外商投資南韓的金額為三十二億美元，佔其國內投資總額的2.8％。但是同年，外商直接投資台灣的金額即達五十一億美元，佔台灣國內總投資的9.8％，此一比例數字已與中國十分接近。

在國內一片憂慮產業外移的聲中，外商投資金額的挹注可以作為彌補流失中國的資金，就像以往美國也歷經一段產業出走、國內投資不振的時期，但是國外投資的進入又為美國帶來新的生機。就拿二〇〇〇年來說，外商投資美國的金額即高達三百零八億美元，占其國內總投資的15％。在全球化的時代裡，企業依據各國的競爭優勢來投資是一件很平常的事，當美國廠商為了中國的廉價勞工而紛紛投資中國時，其他各國也會因為美國的優良技術發展環境而來美國投資。一出一入之間抵銷了產業外移對國內經濟與就業所產生的負面影響。

比較台灣流出和流入的直接投資可以發現，流出台灣的資金還是比流入的多。從一九九一年到二〇〇二年流入台灣的直接投資共三百九十一億美元，而流出的直接投資則達五百五十四億美元，平均每年約有十三・六億美元的淨流出。就直接投資的規模來說，金額不能說不大。這不是因爲台灣並未具有吸引人的優勢，而是在投資環境包括硬體與法規上，尚存在一些外資進入的障礙。

台灣究竟什麼地方可吸引外商以及外商要來台灣投資什麼，這樣的問題應留給外商自己決定。外商來台投資設立研發中心的意願可能要比設立營運總部的意願強得多。因此認清外商在台灣投資各種不同的目的所從事的不同活動，依據各種外商的不同需求，以個案處理的方式加以滿足。

南韓首先效法中國的做法，授權地方政府成立「外商投資區」。不像以往事先設置園區等著外商進駐，南韓的「外商投資區」是先探詢外商的需求後再量身訂製的園區。外商只要投資達一定的金額以上，地方政府就會依照外商的需求設置「外商投資區」，區內軟硬體設施也會配合外商的需要建造，此一措施獲得不錯的效果。

中國與南韓的例子告訴我們，要吸引外商必須以個案的方式滿足外商的不同需求，而且吸引的對象也必須要放寬。由於台灣幅員不大，與外商交涉的工作可由地方政府來做，亦可由中央政府來做。但不論由誰主導，地方政府皆須扮演重要的角色，同時中央政府也必須革除對外資的「審議」心態，改為積極協助的態度。

第三章　領龍飛舞

早在二十多年前，台灣的企業就藉著返鄉探親之名，已有人私下到中國投資設廠。隨著政府開放企業可間接投資中國之後，兩岸經貿交流日趨頻繁，在中國地區充沛的資源、人力，以及文化語言差異不大的優勢下，引發企業赴中國的投資熱潮；投資金額也逐年增加，兩岸貿易亦逐年大幅上升；中國及香港現已超越美國成爲台灣最大出口市場。

二〇〇〇年以來，因島內朝野爭鬥嚴重，使投資者對台灣未來產生信心危機，加上投資環境急遽惡化，企業對中國投資浪潮再現。但台灣如沒有經濟實力作後盾，「國家安全」祇是空談。在分析全球分工體系，當前台灣廠商赴大陸投資狀況，可以很明確的看出兩岸經貿對台灣產業結構的改變，及刺激研發創新的正面效益。基於此，政府實在應該以積極的「夥伴」態度來面對「台灣—中國」的經貿交流。

台灣的對外投資已成為中國經濟發展及政治安定重要因素。在兩岸加入WTO後，台灣與中國融入全球經濟體系的腳步勢必加快。中國入會後，將逐步遵循世貿組織之規範，配合中國原有的豐富自然資源與廣大內需市場，磁吸作用將愈來愈強。無論就貼近市場或尋找具有競爭力的生產要素而言，中國均是企業拓展版圖的重要選擇之一，不僅世界資金將積極進駐，台灣資金亦將受到強力吸引。

第一節　大陸經貿的崛起

中國的崛起，特別是中國經濟發展的前景對亞太地區，甚至對國際經濟體系可能造成的效應，在在凸顯全球必須透過集體合作與協商，才能共謀和平繁榮發展的重要性。

中國經濟的開放，可能自十九世紀中期以來對全球經濟產生最大的影響。從長遠角度看，把十三億的勞動人口整合到世界貿易體系內，帶來全球財富重分配。

於東亞金融風暴之後，亞洲經濟版圖開始重新洗牌，中國經濟成長相對穩健，加上近二十年來中國傾全力發展經濟，運用幾乎免費的土地、價廉的勞動力與深具潛力的消費市場，已成爲全球最大且最具潛力之市場，未來更有可能主導東亞區域經濟整合，成爲繼歐盟之後具備有與北美共同市場相抗衡實力之經濟體。因此，世界各重量級企業莫不爭先進入以取得先機。現今在 WTO 整合後的貿易與金融架構下，沒有任何國家能忽視這一挑戰或是它所代表的機會。

◎大陸對外貿易現況

二〇〇〇年秋起，美國經濟結束了長達十年的繁榮，進入了調整期；日本經濟連續多年衰退，復甦舉步維艱。受美、日經濟拖累，歐盟經濟成長緩慢。「九一一」事件更使已經疲弱的世界經濟雪上加霜，全球經濟進入全面性調整和景氣低迷狀況。國際貿易急劇下降，中國周邊的許多亞洲國家出口出現了負增長，包括台灣在內。然而，中國的對外貿易卻逆勢而上，二〇〇二年進出口總值達近五千五百億美元，較二〇〇一年增長8.3％。大陸對外貿易總值在世界各國中的排名已上升到第六位。

中國在國際展開貿易戰，利用其超低廉的勞工，生產便宜的中國貨充斥全球市場，品質雖不好，但因爲價格便宜的關係，消費者還是爭相選購中國貨，在不知不覺中毀滅了自已的本土工業，迫使許多國家的工廠相繼倒閉，失業率急速攀升，對已開發國家的工業構成嚴重威脅，前所未有的對外貿易逆差影響了全球經濟。

二〇〇三年以來中國出口貿易得以快速成長，歸納主要的原因有七：

一、入世效應顯現，傳統大宗產品的出口恢復了穩定的增長。

二、世界經濟好轉，使中國對美國、周邊國家和地區等的出口保持增長態勢。

三、美元走軟，相對提高了中國一些商品的出口競爭力。

四、中國政府出口退稅政策執行成效進一步的改善。

五、許多跨國公司將其生產和採購中心轉進中國。

六、由於中國的出口商品，以低價日常消費用品爲多，即使在經濟不景氣的情況下，反而刺激對這類商品買氣。

七、中國企業開拓國際市場的能力不斷提高，出口產品中直接出口的比例正在擴大，而轉口貿易的比例則在縮小。

根據中共官方資料顯示，外商直接投資主要集中在製造業，致使中國逐漸成爲世界代工製造中心。在加入世貿組織後服務業對外開放程度大幅提高，外商在中國服務業的投資也出現了許多突破性進展。今日，外商投資企業已成爲中國經濟中最活躍的部分。全球最大的五百家跨國公司中已有近四百家在中國設立公司，已在中國投資的跨國公司紛紛追加投資，外商投資項目的技術含量逐漸提高，對中國經濟發展的貢獻日益增強。另外，外商投資企業對中國GDP、稅收、就業等方面亦有很大的貢獻。

◎大陸磁吸效應

在中國成爲WTO締約成員前數年中，由於預期中國投資環境改善及市場潛力，跨國企業紛紛加碼對中國投資，每年實際投資金額均超過五百億美元，二〇〇二年底即已超越美國成爲全世界吸引外商直接投資金額最多的國家。由於中國角色的變

遷，國際分工體系重組解構，中國已取代東協（ASEAN）成為亞洲最重要的市場，未來可能形成以中國爲低成本，大規模全球代工中心的型態，台灣之優勢已面臨更多的挑戰，企業所面臨的國際競爭亦愈趨劇烈。根據外貿協會統計，外商直接投資（FDI）占大陸GDP比重由一九九三年的10.2％大幅提升至二〇〇二年的32.2％，全世界的資金因集中至中國而造成磁吸效果，使得其他亞太經濟體之資金、人才與技術等資源的流向與分配造成巨大衝擊，尤其面臨吸引外資方面的強大競爭。

隨著兩岸經貿往來密切，兩岸經濟結合日益深化，台灣對中國地區經濟依賴程度漸增，根據經濟部公布統計資料，二〇〇二年台灣對中國投資金額達三十八・五億美元，較二〇〇一年成長38.6％，再度創下新高。而且台灣對中國投資金額占整體海外投資金額比重首次突破五成，從二〇〇一年的38.8％急升到二〇〇二年的53.38％。由此可見未來中國經濟不安定因素勢必造成台灣未來經濟之連動。茲分別說明如下：

一、中國以其廉價勞動之後進者優勢，於一九九六年～二〇〇〇年間藉台灣資訊硬體業將生產重心迅速移往，致使中國出口結構快速優化與成長。加上東南亞金融風暴後，中國對美日市場之貿易優勢逐漸提升，出口競爭力已超越東南亞與東協四國。此外，中國地區更以其快速的經濟成長，加速衝擊台灣與美國良好之「準策略聯盟模式」與「老二主義」模式，國內高科技製造業者被邊陲化的威脅日漸增加。

二、面對中國之磁吸效應，台灣內部經濟結構產生許多變化，包括：

1. 產業結構完整性遭破壞，加速台灣相關產業外移。
2. 技術外流，導致相似產品相互競爭下，失去我國廠商原藉特定技術賺取高利潤之優勢。
3. 傳統產業外移，引發中低技術勞工結構性失業與所得分配不均問題。
4. 面臨中國不斷釋出的廉價勞動力，壓迫國內勞動人口薪資所得。
5. 產業大量外移下，政府賦稅收入減少，再加上持續攀高之失業率，社會救濟預算不斷增加，政府財政結構日漸困難。
6. 國內經濟對中國依賴程度日增，未來中國以經濟制裁力量強迫我國接受政治要求之威脅增加，而逐漸惡化兩岸規模不對稱問題和台灣整體經濟風險。

三、由於當前中國仍採許多不公平之競爭手段，兩岸全面三通將可能加速國內資金與人才之外流，並加速傾斜兩岸原本不均衡之經濟態勢。

四、根據陸委會統計資料顯示，兩岸貿易成長快速使得中國成爲我國第一大出口國。此外，我國對中國的貿易依存度已經超過25％。在兩岸經濟及資金往來日益密切情況下，我國經濟受中國之影響與日俱增。任何對中國經濟不利的衝擊，勢必經過貿易及資金流動的管道，影響我國經濟。

◎大陸的潛在危機

中國的經濟發展有其亮麗的一面，但其背後也潛伏了很大的危機。可分兩大層面來探討：首先，最嚴重的是在人性方面。

一、自從大陸文化大革命拋棄一切舊有文化，去四舊，去腐朽的哲學、人倫等，只留兵法一書，作爲相互鬥爭戰略研究之用；又因毛澤東主席取得大位自己感覺有篡位之嫌，爲讓後代的人不知以前歷史文化，切斷文字文化的傳承，用自創的簡體字去除優美六書形成的文字體（繁體字），並塑造自己成爲革命導師的形象。

二、共產黨的「無神論」說，現在中國的廟宇、道觀百分之九十九都是爲配合觀光旅遊業，吸引觀光客重新加蓋或整修的，廟、觀內的僧尼、道人均非爲修行，可說是公務員，領公家薪津；因「無神論」，心中自然無「博愛」的思維，任何行爲都可能發生。

三、中國歷經三反、五反及文化大革命，窮困了三十多年；一朝開放，全體十三億人民一切向錢看，不管用任何手段只要能得到錢就好，古賢留傳的四維、八德、誠信等美德成爲天方夜譚之事，爲了錢，全無羞恥與仁誠之心。

另者，令人關注的是財經方面，中國在經濟的成長表現不錯的同時，構成社會總需求的一項非常重要的因素─「民間消費」的成長表現卻遠不如理想；另外，物價水準持續下跌，也呈現不尋常的警訊，由此可見，目前中國經濟面臨需求不足和通貨緊縮趨勢惡化的困擾。中國在物價方面，則以維持負成長的通貨緊縮爲主軸，因外資投入生產使供給快速成長，而有效需求之成長有限。由於供給的快速增加，

廠商為強奪市場競爭，而導致物價持續下滑。另一方面，由於市場化的制度改革，其中住宅、醫療與教育費用都可能會因此而大幅上升，於是造成人們現在開始增加儲蓄，減少支出，導致有效需求不足。

此外，一方面為因應國際間利率持續下降，一方面中國政府也希望藉著調降利率來刺激投資、刺激消費，以消除目前因總體經濟有效需求不足的問題。但是，自一九九八年以來，大陸M1年增率相當穩定的維持在15％上下，在一個實質經濟成長率超過7.5％的國家中，一年期的存款利率不到2％，中國當局希望以引導利率下跌的方式，但可能會產生許多不良效果，如使得借款一方獲利，而存款方不利，這是一個不公平的現象。其次在利率偏低的情況下，也會使資金流到較沒有效率地方。最後，偏低的利率會刺激民眾借錢購買不動產，造成潛在的泡沫現象，值得注意。另外，造成有能力借錢的人必然會努力借錢，因為資金生產力遠超過資金成本。此由存款人補貼借款人的現象，傳統上稱之為「五鬼搬運法」，這對於所得分配有不利的影響，加大貧富差距，為社會動盪根源之一。

中國在對外開發的同時也要對內開放，尤其是在金融制度方面。由日本、南韓和東南亞過去的經驗顯示，往往金融制度在一個封閉的體系內運作良好，一旦對外開放就會變得十分脆弱。而中國也不會例外，成效不彰的融資貸款是中國內部很大的問題，一旦開放後，外資銀行也可以加入競爭，中國人民會選擇績效佳的外國銀行，屆時本地銀行就有可能發生倒閉事件，整個金融體系會有如骨牌效應，影響政權一夕解體。

此外，中國近年來經濟高成長的背後隱藏著結構問題惡化的現象。從宏觀面看，主要表現在居民收入增加遠遠低於經濟的成長，尤其農民的收入甚至還下降；產業結構的惡化，最嚴重的出現在第二、三產業之間；消費與投資之間結構的惡化等。從微觀面看，主要表現在低水平重複建設、結構性生產過剩等現象。結構性經濟問題如何克服？顯然是中國當局如何維持經濟景氣冷熱適中之外，另一項棘手的問題。

第二節　兩岸經貿發展情勢

中國自一九七八年改革開放以來，首先在廣東及福建試辦經濟特區，吸引外資，開展加工出口商業模式。在試辦成功後，開始在東岸沿海及內陸重要城市大量開發經濟特區，迄今二十餘年，爲中國之經濟發展奠立很好的基礎，吸引許多海外投資及技術，當然包含台商之資金與技術。目前兩岸間之產業互動愈趨頻繁，產生兩岸現今進出口貨品的結構，是處在相互依賴又競爭的情況。

因此，兩岸經貿是處在不平衡的情況。一是貿易方面台灣對中國依賴過大；二是台灣對中國投資過大；三是中國對台經貿政策是攻擊性的、有政治目的的，而台灣以往的兩岸經貿政策是防守性的，且沒有與台灣內部的經濟整體發展做策略性配合。

加入 WTO 後，兩岸不對稱的的經濟利益，及台灣出口將增加對中國市場的依賴情況下，台灣的經濟面和發展方向將會如何，值得注意和研究。

◎兩岸經貿演進

中共在鄧小平決定全力發展經濟的二十餘年來，整體的經濟實力已經向前跨了一大步，經濟環境也比以前更加健全。隨著經濟的發展，當然，中國人民的非必要需求也漸漸增加。試想，中國有十三億的人口，如果這十三億人口的非必要性需求全部相加，其所產生的消費力量將會是世界上任何一個國家所難以比擬的；因此，在這幾年當中，產生了所謂的「中國熱」的風潮。任何企業都想要進入這塊擁有強大潛在消費力量的寶庫。台灣當然不會錯失這個機會，早在兩岸未正式可來往前，台商就已經透過轉投資的方式進入了中國大陸。

自一九八七年解除戒嚴，開放台灣人民可前往中國探親後，垂垂的老者可以重回原鄉，一解鄉愁；兩岸因血緣、語言等中國情結所產生的中國磁吸效應，年輕的企業家也相繼躍馬中原，尋找商機，不僅使得台灣資金與人才流向中國，台灣產業空洞化問題日益嚴重，而引起資金的外移，造成國內投資意願低落，更有錢進中國、

債留台灣及失業等問題。

中研院經濟所指出：台灣平均國民所得在一九九一～一九九五年間相當於中國的四十倍，到一九九九年時降爲只有二十五倍，到二〇〇三年只剩十一・三倍；在剛切入中國市場的初期，台灣的確享有比較利益，但到後來卻在台灣造成低技術工人收入減少甚至失業，未來兩岸所得比值是否會繼續惡化，一般均持悲觀的看法。台商到中國投資是「短多長空」，應該著眼於更長遠的利益。

台灣、香港與中國各擁有不同型態的經濟發展區塊。香港因爲面積較小本身就是一個自由貿易區（Free Trade Zone），中國腹地廣大，在各地擁有不同型態的經濟發展區塊，如：較早的經濟特區、現在廣泛成立的經濟技術開發區以及二〇〇〇年才成立的出口加工區；香港和中國的經濟發展區塊的性質都和自由貿易區的特性相似，也就是貨物只要不進口，在自由貿易區內是免關稅外銷的，中國則更加給予在經濟發展區塊中的企業更多的優惠，像常常聽到的三免三減半就是一例。

而台灣僅僅是科學園區與加工出口區有類似的功能，但在進出口方面仍有管制。

目前台灣政府為建構更有利的國際物流營運環境，已通過自由貿易港區的法案，然而受限於經驗、人才與資金，仍須相當時間摸索方可看到成效。此項新政策之預計推行成效應可對未來兩岸三地國際物流的發展帶來很正面的價值。

台灣到中國的投資可分成二個階段。第一階段是屬於防禦型投資，利用中國境內豐富及低廉勞力，延伸台灣生產據點，降低生產成本以維持低成本的競爭力，此階段主要的投資者為台灣中小企業，並以勞力密集之消費性產業為主，所需之原材料、零組件均來自台灣。第二階段是屬於接近市場型投資，由於下游產業不斷到中國投資設廠，引發對上游原料的需求，帶動上游產業到中國設廠，這階段是由台商本身力量的拉力，促使上游廠商為了接近市場才到中國投資。

近年以來，台商與港商在中國之投資活動加劇，投資產業內容也更加多元化，兩岸三地間產業互補之分工模式也愈趨明顯。在兩岸加入世界貿易組織後，兩岸之經濟競合模式又進入另一個層面。這些發展對以亞太為主的全球商品鏈及區域商品鏈中的經濟活動已帶來很大的直接影響。中華經濟圈的華人企業如何面對此快速融

合的經濟環境，在物流發展上不斷追求創新與突破，是所有涉及兩岸三地經貿活動的企業所共同關心的重要管理課題。

◎赴大陸投資對台灣經濟之影響

目前台灣對中國出口依賴度超過25％，從國際比較上觀察單一市場集中度而言，其實還不算最高（例如，二〇〇二年日本與菲律賓對美國出口依賴分別都超過30％，加拿大對美國更高達88％），但是由於兩岸關係未正常化（中共未放棄對台動武），台灣對中國高出口依賴，往後令人憂心是否會因此導致高度政治經濟風險。

在此，先釐清台灣對外與對中國出口商品結構變化與優勢之所在。根據台灣出口商品結構不同的利基特性，應有不同程度的因應考慮：對於不同競爭度的出口產品，其承擔風險的能力即有別，競爭度愈高的產品，其轉換市場能力愈高，面對風險的能力較強，表示對中國市場之「高出口依賴度」並不能就等同視為「高風險」，反之則不然。

此外，「台灣產業技術升級」亦是研判兩岸經貿日趨緊密是否為風險之關鍵因素。因為，台灣產業技術若不能繼續升級，當台灣對中國市場高出口依賴之際，亦同時激化兩岸產品在國際市場的競爭態勢，屆時，台灣產品在國際市場上被中國產品追趕，進而取代的夢魘指日可待。

換句話說，兩岸若要維持長期緊密的互利互惠合作關係，關鍵仍在台灣的產業升級上。倘若台商因出口中國市場擴大生產與銷售的經濟規模後，進而建立台灣為全球運籌管理銷售中心，這樣以台灣為本、兩岸分工、運籌經營中國市場的發展情勢，對於台灣的利益不但最大，並且，對中國的高出口依賴度也就較不足慮。

自一九八〇年代台灣產業開始外移後，台商海外投資成為擴展外貿的重要手段，回來向台灣採購生產用中間財的貿易活動趨於頻繁，而在「中國製品」低價競銷之下，「台灣製品」在國際市場上，喪失了最終財的競爭優勢。但因產業升級在台灣持續進行，並由於行銷中國市場致使生產經濟規模擴大之後，台灣逐漸形成中間財的出口比較優勢，不僅是供應海外投資子廠的需求，拓銷當地外銷產業所需中間財

亦爲發展重點。亦即，由海外投資所延伸出來的貿易銷售網路與行銷型態更多元。

現階段「台灣製品」的優勢定位已移轉至生產用的中間財市場，尤其是高階中間財部分。台灣亦以此利基，形成兩岸產業分工之發展態勢。亦即，台灣對外與中國出口成長的結構已呈升級現象，一般而言，因中間財的交易穩定度高於最終財，因此，對中國出口結構呈相對穩定發展傾向。若未來兩岸分工合作的關係能長期維持垂直分工方式（由台灣主導生產優勢），則對中國投資與台灣之間貿易關係呈正向發展的機率就比較高，反之，則不然。

然而，大批台商在中國，創造了中國經濟奇蹟，卻製造了台灣的危機。實例如：

一、看看昆山、上海、深圳、珠海這些商業發達的地區，相加起來台商有一百萬人之多，這一百萬人的消費及產能，難道不是中國經濟成長的推動力嗎？又豈不是台灣經濟衰退的主因？有人預言，台商在中國拼老命，台灣經濟遲早會沒命。

二、台灣的高科技、高資金、高人才如移到中國去，肥了中國瘦了台灣，台灣還用什麼跟中國競爭；台灣如無整體對外投資策略，則將失去優勢，只有淪爲香港第二了。

◎大陸開放與台灣經貿發展策略

中國的崛起，影響台商的經貿佈局甚鉅。現在中國已經變成世界的代工廠，不僅對台灣造成衝擊，也影響了整個亞洲，甚至全球的經濟。我們利用中國作爲製造工廠，但中國成爲世界的代工廠後，相對的也影響台灣的外銷。台灣經濟發展受到中國嚴重威脅，近年來產業大量西進、資金不斷流向中國，不僅阻礙台灣經濟發展，更加導致國內失業問題無法降低。

隨著中國投資熱潮未減，國內產業大量進駐中國，讓很多民衆面臨找不到工作的壓力。儘管全球經濟環境已經好轉，如果產業與資金不斷移出，將致使國內產業空洞化、經濟被邊陲化、失業率只會繼續攀升，假使再進一步全面開放兩岸直航，台灣經濟受到中國衝擊將無法估算；使得就業機會大幅下滑，不少民衆恐怕還得過苦日子。因此，政府應該擬定穩健的長、中、短期經濟戰略目標，防止台灣經濟遭

到掏空。

面對中國廉價土地成本與勞力大軍壓境的挑戰，政策上，一是借力使力，另一就是自我改造以避其鋒芒。自我改造是因應國際市場競爭情勢，來調整產業結構。在資訊革命，或知識經濟時代來臨的今天，諸多工業先進國家，正致力於：

一、生產自動化流程設計投資。

二、電腦處理與網路的運用。

三、往高附加價值商品與服務轉型。

四、市場行銷範圍的多元化。

五、客戶導向的企業經營。

六、職外職業訓練的推廣。

期望晉升已開發國家之列，台灣便須從事上述六項工作的長期努力，才能建立自主的經濟體，不能只依賴短期的掙扎而前往中國投資。前述六項策略的進行，培養人才之人力資本列爲長期的投資規劃。

在面臨全球化、資訊化、速度化、優質化的情勢下，台灣的機會在那裡？台灣是亞太地區的樞紐，台灣的地理位置，讓我們有機會以台灣爲基地，進軍東南亞及中國市場，我們產業的供應鏈體系已經做得很完整，企業靈活度與機動性高，不但可以做OEM，也可以做ODM，在生產速度、產品品質與穩定度，都有很好的表現，其他國家很難有我們這樣的產業機制。

台灣過去做專業代工，致力於改善生產技術，降低生產成本，現在美國大廠如IBM、HP、Compaq 委外代工策略已經有所調整，轉向較重視代工廠商基礎技術的開發、產品的創新及市場服務，台灣正好可利用過去代工累積的研發能量及經驗，專注於開發設計硬體及市場服務的整合，提升代工的層次，進而強調技術創新與產品整合的服務。

一個國家經濟成長須仰賴出超、民間消費、民間投資及政府支出四大部門。如今，台灣經濟成長過度依賴貿易出超，出超又過度依賴中國及香港，而國內投資及民間消費卻長期低迷，造成台灣經濟結構嚴重扭曲。二〇〇三年台灣對美國、日本

及歐洲出口分別衰退3.5%、6.8%及6.9%，但對中國及香港出口大幅成長。根據統計，二〇〇三年台灣對中國及香港出口比重占總出口的三分之一，首度超過美國。在經貿結構上高度依賴大陸及香港，「這是相當危險的」，就好像把所有的雞蛋放在同一個籃子裡，枉顧風險分攤的原則。

而且，目前台灣的投資又太過集中中國，這更是危險的。其實，台灣具有高科技優勢，半導體產業也發展得非常好，企業不應只看到製造生產上30%的勞動成本可以下降，即一股腦兒地把錢投到中國。事實上，其餘70%的價值都是在供應鏈上的物流、行銷等成本上，如果只重視勞動成本的下降，忘了其他供應鏈上的成本是不對的。執政當局應思考，利用政府的力量，鼓勵民間企業加強與美國、歐盟、日本，甚至其他國家進行經貿往來，健全台灣的整體經濟結構，如此台灣經濟才能穩健、平衡發展。

經建會分析，台灣產業結構緊密完整，營運效率高，研發與技術商品化的能力強，對市場的敏感度與研發能力更遠遠超越中國，在中國已確立世界代工廠地位，龐大的市場能量亦吸引全球外資流入之際，外商想順利成功的進入中國，必以台灣作爲前進中國的基地，結合台灣優越的地理位置與優秀的專業人才，共同爭取商機。

第三節　領龍飛舞

中國過去經驗發展所以成功，是得力於台商資金、技術與人力的協助，未來台灣仍是塑造大陸經濟風貌的裁縫師，台灣應該要對自己有信心。

一九九一年，日本經濟如日中天，當時有人說，日本的產品將征服全世界，然而，看看今天日本的經濟如何。中國經濟目前快速發展，並成爲世界第二大資訊硬體生產者，這是台商持續到中國投資的結果，台灣的直接投資，成爲經濟發展的重要因素。

台灣應該進行心理層面改革，過去台灣對中國經濟發展做出重要貢獻，台灣應該要有自信，記取過去成功的經驗，繼續在美、中、台三邊的高科技供應鏈，運籌管理上扮演重要的角色。

◎兩岸直航問題

自台灣開放人民可前往中國以來，起初是老榮民和台商要求直航，但當時台灣的執政者認爲會危及台灣的安全與經濟而反對。而中國對外發言說：「三通是經濟問題，可不涉及政治。」但近三年來，從全球化的角度來看待兩岸直航；當然，前提是在於有利於提升台灣的總體競爭力，讓台灣成爲地區轉運中心。

但是，在台灣積極拋出兩岸三通議題時，中國卻以「一中原則」爲前題，並動不動就提出這是「一個國家的內部事務」的政治定位來推託。其實近年來中國對於兩岸直航遲疑趑趄，似進反退，深恐香港經濟進一步受到重大打擊，當爲其顧慮之一，因爲靠著間接通航、間接投資，台灣的企業吃了大虧、貽誤商機，唯一佔到便宜的就是香港的客貨運輸相關產業及其政府與人民。尤其澳門的機場，可說完全是爲台海兩岸而建的，如兩岸直航，澳門機場馬上面臨無航班關閉的命運；澳門人回歸的美景、經濟的大問題，中國如何交待呢？所以中國就藉「一中原則」來阻礙兩岸直航，把阻礙直航的大石全歸台灣執政當局的反對。以此，策動台商和不知情台灣人接受「一國兩制」，將台灣矮化並邊陲化。

不過，人造的邊陲究竟無法掩蓋台灣居於亞洲及中國東南沿海地區樞紐優勢位置的客觀事實，也無法剝奪台灣的核心產業對於作爲中國發展主力的加工出口業的無可取代的吸引力。除了寄望朝野政黨的良性競爭，兩岸也應知直航可共創雙贏，兩岸在有條件下三通對雙方都是利之所趨，應儘早實現兩岸直航的期望。雖然台灣方面考慮國家安全的領空問題。然而，從種種跡象顯示研判，兩岸直航已進入倒數計時，兩岸直航不僅只會衝擊港澳，也會對台灣帶來相當深遠的影響，從政府、企業到家庭，都要做好準備。

正式開啓直航之路後，可以預見經濟將會更密不可分，另重要的是，一旦直航，就無法再回頭了。從負面來看，台灣一定會出現失業繼續攀升的衝擊；但是從正面來看，我們也可能得到更多的工作機會。其實現階段的中國，搶走的是低層的工作機會，但是卻開放了更多中高層的工作機會與商業優勢。

台灣擁有最大的優勢就是，台灣可以扮演中國與國際市場接軌的窗口。中國雖然開放已經二十餘年，但無自由，許多國際市場的遊戲規則還在學習階段，而同文同種的台灣民間企業，擁有五十年以上的國際貿易經驗，相當清楚國際市場；對中國市場也有相當程度的瞭解，比其他國家更能輕易深入廣大的內地行銷；譬如過去就有許多日、美、歐商等直接到中國投資，經常滿盤皆輸，但是與台灣合作進軍中國，反而能有所佳績。瞭解國際，熟悉中國，這就是台灣的優勢，也是能**領龍飛舞**的強項。

有許多看法認爲，台灣運氣眞的不錯，近幾十年來，世界先後出現的幾個強勁成長的經濟體，台灣都能抓得往，從最早的日本、接棒的美國，還有崛起中的中國。就以日本來說，四十年前與日本合作，台灣因此奠定往後發展的基礎，但是那時的合作關係，台灣其實是站在很卑微的地位，日本如果賺十元，台灣只能分到一元而已。但是現在台灣與中國合作，就好像當年日本與台灣的合作，地位逆轉成：台灣賺十元，中國分到一元，台灣應好好學習當年的日本經驗，利用這種合作關係壯大自己的經濟體，否則實在太可惜了。

目前也有不少看法認為，兩岸直航如果再配合人民幣升值，將會造成台灣資金大量外流到中國，投資股票或是不動產。以中國的股票而言，不透明黑箱作業的財報品質，不是短期內就能完全改善，連香港、外資都不太敢放手去中國買股票，必須轉個彎到台灣買中國收成股，或是到港股買國企股，純粹的中國股票並不具備想像中的致命吸引力。

但是，也有一種隱憂，兩岸一旦直航，將因為運輸成本的降低，加劇台灣向中國傾斜，重創台灣的經濟，這是筆者觀察一再申論的觀點。統派無條件傾向中國，陶醉在中國是「世界工廠」、「台灣的前途在中國」的幻夢之中，固不值一駁；但執政黨有時亦會陷入所謂「營運總部」、「研發設計中心」等高附加價值部分留在台灣，而製造業部分則外移中國，兩岸形成垂直分工的幻覺。

◎台灣金融自由化的借鏡

但在探討人民幣升值的相關影響前，必須先思考兩個問題。首先，中國的貨幣升值到底能不能解決當前各國在貿易上對中國的劣勢？其次，如果中國決定以匯率升值來平息衆怒，台灣金融自由化的進程是否可作爲中國借鏡，還是有其他可能的方案？再來則是如果中國讓人民幣升值對台灣的效應爲何？

由於近年來新台幣隱隱約約有盯住人民幣的味道，各界對人民幣升值的預期將引導熱錢流入台灣，以當今台灣股市的結構而言，權值股（電子族群）將首先受惠，金融類股也將受惠於熱錢進入而得到改革重建的相關資金，其他類股的相對表現則需依中國相關金融政策而定。可分幾方面來觀察：

一、金融自由化。在美國財長史諾、Fed 主席葛林斯班、歐盟央行總裁杜森伯格、日本央行與世界各國央行官員對人民幣必須重估價值談話的框架下，許多人似乎都認爲讓人民幣升值對全球經濟利大於弊，央行官員可能簡化了其關切的主題，中國貨幣供給成長高達20％，無妥善處理問題將引發惡性通膨，進而危及全球經濟。轉而將問題簡化爲讓人民幣升值，以杜防通膨於先。

二、中國高成長，台灣受惠。近年來中國平均每月買進一百億美元的美國公債，無形之中得以讓美國長債利率得以維持在低檔，進一步讓美國的民間消費得以持續成長，進而拉動全球的經濟成長。

三、人民幣升值，不利出口。另一方面，即使對出口沒有影響，對進口品相對來說變便宜了，沒錯！可是在期待人民幣進一步升值的人也會越多，因此大家會期待短期的未來會更便宜而保留購買進口品的意願，大家會等待進口品一再跌價的時間，這時候，通貨緊縮已經在門口了。

四、熱錢來得急，去得也快。不管未來人民幣是否升值，不爭的事實是：在預期人民幣可能進行價值重估的猜測下，現在僅回流中國的資金就高達二百到三百億美元，外資投資也以每年五百到六百億美元的金額流入，加上貿易順差，已使得中國的外匯存底高達三千四百六十億美元。如果中國進行金融自由化的一些動作，大幅開放資本帳對外的投資，則整體大中華經濟圈將會因相關的合作商機而吸引更多的外資進行合資，台灣的中國收成股將更形受惠。

同時，在國際投資人預期人民幣可能進行價值重估的猜測下，香港與台灣的金融市場在相對管制少，資本市場又相對流動的情況下，很容易形成前往中國熱錢的中繼站，整體股市將有相對多的外資挹注，不過這些熱錢來得快，去得也快，短期內固然有助於推升股市，但隨著時間經過將轉買為賣。

◎建構台灣為中國民主化典範

二次大戰後五十多年來，台灣隔著台灣海峽屹立於中國對岸，在台、澎、金、馬轄地，人口由八百萬增加到今天的兩千三百萬，擁有自己的政府、國會、軍隊、貨幣和獨立自主的外交權。在經濟上由於台灣人民多年的勤奮努力，創造了名聞遐邇的經濟奇蹟，更進一步成為東亞的科技先進國。政治上更由國民黨獨裁的威權時代發展到今天自由、民主、人權、法治的東亞模範國，施行人民普選，深獲世界各國的喝采。

台灣作為全球第三波民主化的典範，與先進民主國家攜手合作，針對鞏固亞洲新興民主以及促進亞洲的民主化，尤其是中國的民主，做出貢獻。積極強化與亞太民主國家的合作基礎，塑造「亞洲民主同盟」關係，共同建立一個亞太民主的社群。亞太地區的安全與穩定、民主的鞏固與擴大，以及經濟的合作與發展必須建立在「安全」、「民主」和「經濟」三個主要的支柱上。唯有攜手合作，共同建立一個和平穩定的安全機制，亞太區域的政治與經濟安全才能獲得確保。

今後中國的邁向民主化過程中，除了已經進入的全球化市場經濟、全球化資訊傳播的衛星電視以及網際網路的潛移默化之外，關鍵時刻的引爆者，台灣當然扮演著極其重要的角色（宿命的是西方文明將中國加以市場經濟化、自由民主化的前鋒部隊、馬前卒）。九七年香港回歸是西方資本主義在中國懷裡埋下的一個內爆定時炸彈，至於一水之隔的台灣則是中國「一個中國」之野心與頑固思維下的外爆定時炸彈，這個「至高無上的旨意」是爲中國自由民主進化過程裡的巧妙的安排。

根據科學家賴爾・華特森的「臨界值」之說，同類動物或族群，如果接受某種新價值觀、新思維、新生活方式等的數量、人數達到某種標準（即臨界值），則不僅同一地的同類族群會群起仿效流行開來，而且在遠隔地生息的同類族群亦會有同樣的現象爆發開來。天安門事件播下種子，如今五十萬香港人傾巢而出爭自由民主，台灣人亦將更上一層追求直接民主公投以掙脫「一個中國」、「一黨專制」的非自由民主，以及中國沿海人民也蓄積不小的爆發能量之下，中國終將在最近及其可見的未來，在一夕之間踏出自由民主的第一步。

香港五十萬人走上街頭、台灣一夕之間爆出追求直接民主公投的現象等等，都不是歷史的偶然，台灣從上到下必須認清歷史的走向，堅定信念，站在歷史正確的一邊，適時爲台灣的更爲自由民主、更爲獨立自主引爆公投及制憲的機制，以便間接的引爆中國的自由民主化，如此兩岸之間才有眞正的和平可言、可待。中共政權如果能認清不管怎樣中國終究會被經濟殖民而有所醒悟的話，那麼整個亞洲、整個世界才有軟著陸之道。否則兩岸之間、中港之間所引爆的對抗，將使得整個東亞地區進入戰亂之境，而將現有的高外匯存底一兆多的美元燃燒殆盡。

◎建構台灣優勢．引領中國發展

台灣在政治上被國際社會邊緣化是個不爭的事實，不過把政治與經濟區隔來看，經濟邊緣化即代表沒有能力參與國際經濟市場，但事實並非如此，台灣擁有雄厚的經貿實力，我們有能力去參與國際市場。

不論是北美自由貿易區（NAFTA）或歐盟（EU），台灣不是其中的一員，但依舊很活躍地參與當地的經濟活動；台商在當地貿易的投資活動，也是相當積極；對中國更是如此，儘管兩岸間存有敵對關係，不過十幾年來台商從早期協助中國加工出口，後來又緊接著在當地建立產業網路，甚至把技術帶入大陸，雙邊經貿關係非但沒有疏離，反而日益緊密。

台灣與中國，任何經貿關係的發生都是以雙贏爲考量前提，台灣擁有別的國家需要的東西，這就是我們的經貿實力。許多國際公佈的評比報告中，台灣在投資環境或是整體競爭力的表現方面都不差，目前面臨最關鍵的問題就是如何讓產業順利

轉型升級。依現階段的狀況來看，台灣在產業技術方面的競爭力相當不錯，尤其農產品的製程方面，但有關創新研發的部分，則需要更多的人來努力。

其次，台灣總體經濟政策對環境的反應力也很強，但爲了吸引更多的外資進入，必須進一步鬆綁相關法令。不容否認，目前我國在洽簽雙邊自由貿易協定時，的確面臨相當多的問題，例如在日本方面，我國必須設法解決產品相互認證等非關稅障礙問題；至於美國，對於我國智慧財產權的保護，更是有相當多嚴厲的批評，這些存在於雙邊本身的經貿問題，還有待進一步解決、突破。

台灣在簽署FTA雙邊協定上無法突破，唯一出路以「操之在我」的因應對策，就是改善台灣整體的投資環境，台灣最大優勢就是製造業基礎雄厚及人才豐沛，如科技人才、研發技術一直跑在別人之前，就不必擔心被邊緣化。要強調的是，加快自由化的腳步，例如自由經貿港區的擴大爲「自由經貿港市」，甚至將全台都拓展爲「自由貿易島」。

政府若能加緊改善國內投資環境速度，增加別人洽簽之吸引力及競爭力外，如台商加速全球佈局，避開FTA衝擊多的商品亦是方法之一。但更重要仍是正確面對中國經濟崛起，充分發揮台灣在中國與外在經濟環境中扮演的介面角色，增加台灣的競爭優勢，有人認爲如此恐將使台灣更加依賴中國，但筆者以愛爾蘭與歐盟及美洲大陸近來發展的模式，供大家參考。

《經濟學人》在一九八八年，曾以封面「富人中的乞丐」形容愛爾蘭，但到了一九九七年，卻以「歐洲之光」再度在封面形容愛爾蘭。現在愛爾蘭每人所得甚至已超越德國。因此，不但所得快速成長，且降低與英國貿易依賴，和歐盟保持穩定三分之一的貿易量，且與美洲經貿比例亦明顯上升，使其反而不會對某一經濟體過度依賴，且經濟得以發展，這或許可作爲台灣在面對中國經濟崛起，避免加速對中國依賴化的參考，並建構台灣優勢，引領中國發展。

第三篇 地

地理之學，稽之有史，流傳於華人社會，並深植人心，無論鐘鼎廟堂，山林草澤，莫不信之。然自唐安史之亂以後，眞訣湮沒，僞説蠭起，所謂「黃鐘毀棄，瓦釜雷鳴」。迨及今日，受過高等教育、崇尚科技新知之士，大多不信地理，甚至嗤之以鼻，斥爲迷信。然而，文化、藝術、音樂、科學與醫藥等是不分時間與國界的，爲全人類所共享。

有朋友問，種一棵樹要數十年，各種礦產寶石的重生更要百萬年，如果爲了經濟建設，破壞自然的美與均衡，那我們怎麼面對這個生態浩劫呢？如颱風來襲，使得汐止一夕之間成了水鄉澤國，住在那邊的住家（不管你家多麼講究風水）、公司行號，都無人倖免於那場遇水則「划」的大運。

風水地理之法，有巒頭、理氣與玄神法。論龍穴砂水之巒頭法，也就是講求陽光、空氣、水、土壤、花木植物，較合乎大自然環境科學。理氣法，則合參陰陽五行、羅經及八卦命理，似較爲迷信，然其效用，則有待科學驗證。至於玄神法，則來自天地人三才的相互感應，如通靈及心電感應等之「氣

場共振感應」，所以歸納出風水的理則有四，即「迷信、準科學、科學、超科學」。迷信不可怕，因爲一切科學亦起自迷信，有迷信才有大膽假設，透過準科學和科學的求證，才能有進一步的超科學突破。

是故，「地理風水」良窳是存在的理論事實，「磁場」順暢對人體好壞的影響力不容忽視。先哲朱熹曾曰：「爲人子者，不可不知醫藥、地理。」地理之學固爲華人傳統文化中的術數小道之一，但流傳歷二千年之久而不被時代淘汰，其中必有存在的理由與價值。「地理」既是準科學文化之一，就不應該強不知以爲知，一味排斥，視其爲糟粕。

第一章　地理與文明發展

從風水觀點回顧人類的文明發展，翻開世界地圖，映在眼中，最引人注目的當然是歐亞大陸，中間隔著太平洋和右邊南、北美洲兩塊大陸。綜觀六千年來整個人類的文明發展史，除了南美洲發現一些高度古文明的謎樣遺跡外，絕大多數文明的緣起緣滅史跡均在歐亞大陸及阿拉伯地區。

古代世界四大文明發祥地：

★中國文化——黃河流域

★印度文化——恆河流域

★埃及文化——尼羅河流域

★美索不達米亞文化——底格里斯河．幼發拉底河流域（古巴比倫）

這四大文明誕生處均位於大河中下游之畔，由於河流周邊的地域受到滋潤，所

以自古以來，河川附近均為農業發達之區域。

我們都知道陽光、空氣、水，乃人類生存的三大要件，而且，「水」更是滋養大地萬物，提供植物、糧食等人類生活必需品的要素。由此可知，先人逐水而居，由群聚而成部落，最後發展成皇朝、國家的形態，實乃人類適應自然環境的必然結果。

這四大文明發祥地的河流，均為曲折、蜿蜒迂迴，如蛇行之勢。讓人憶起節慶舞龍時姿態曲線之美，其流域所灌溉、滋潤的土地也較肥沃。如亞洲西部的幼發拉底河、底格里斯河兩河流域，連接沿地中海東岸一片長而狹的地，形成一新月形，又因此地區非常肥饒，因此史家稱為「肥腴月彎」，是上古文明的發源地。

第一節　從地理回顧人類的發展

人類文明從美索不達米亞發祥，兵分兩路，一路從希臘、羅馬、歐洲經由英國西渡到美國新大陸；另一路則從印度、中國一路東漸到日本。二十世紀在西方文明西漸之下，兩路文明終於在二十一世紀初在亞洲大陸做大規模的二度踫撞、融合。亞洲人口佔世界60％，中國就佔十三億，這塊亞洲大陸終將在自由民主經濟全球化下，再度起爆。

百年多前美國黑船叩抵日本，敲開日本的門戶起爆了明治維新，在亞洲大陸東北亞外海建立了自由民主市場經濟的第一個灘頭堡，二次大戰後四十多年來，則在亞洲大陸外緣及外海建立了四小龍四個點狀的灘頭堡，和日本連成一個前哨網路。如今隨著中國的改革開放，一、二十年來西方文明的市場經濟，終於攻上了亞洲大陸沿海一帶，形成帶狀的強大勢力，今後隨著市場經濟體制的登陸，自由民主的體制亦將強而有力的攻進亞洲大陸的龍頭中國，否則西方文明的西漸將無功而返，而中國亦將重演百年前閉關自守的舊戲碼，拖累整個地球村往前邁進的腳步。

◎大地之氣與氣脈

人生存在天地之間，的確可以感應或感受到各種所謂的「氣」，或所謂「宇宙

能量」之影響。然而「氣」也確實存在於生養我們的大地之間。因此，講究如何適切掌握「大地之氣」所造成的影響，並將此力量導入我們的心靈、心理或生理以招財納福，就是所謂的陽宅風水之學。假如您的氣功修鍊達到一定的功力之後，便會慢慢察覺到大地之「氣」的能力。

從能量磁場的觀點，可把地球視爲一個巨大的生命體。古人經過長期的觀察和體驗發現大地和人體一樣，有氣流（宇宙能量流）周旋其中，因此如同人體身上有經絡、穴位，大地也有氣流的經絡及可藏風聚氣的穴位。風水即用解析生命體的血脈流向及氣流的學問，來尋找大至定都、建城、商埠，小至建屋、造葬之適當位置。

地球表面承受強烈大地之「氣」的地方，會高高地隆起凸出於地面上，由於這些能量的集合、聚集就形成高山或山脈（亦即地質學上的造山運動）。大地之「氣」乃以此類高山（巒頭學上稱爲祖山）爲出發點，帶著強大的能量朝向四面八方延伸出去。從高山出發後的氣，通過山脊、山背而下，途中偶爾滑低、偶爾高揚，彎彎曲曲，高度漸降，奔向平原、河川入大海；或經海峽，再躍出海面，凸出形成一島嶼（風水上稱爲龍珠）。

地理學上，通常將山脈稱爲「龍脈」或簡稱「龍」，所以常聽到地理師口裡說：「那條龍怎樣……」其實指的是那條山脈走勢而言。因此，所謂「尋龍點穴」，即爲尋找充滿能量、氣勢宏偉的山脈，而後找出該山脈從山頂出發的氣流，順著氣流通道再找出氣流靜止而充滿能量的地點，此即風水學上所謂的「結穴」之處。根據風水原理能在「結穴」（即藏風聚氣）的場所建造宅宇或下葬先人遺體，即能充分吸取大地之「氣」，如此便能招來好運或旺蔭子孫繁榮。

◎世界地理山脈(龍脈)

依現代世界地理言之，西藏與印度邊界的喜馬拉雅山脈素有世界屋脊之稱，爲全世界之太祖山（最高的珠穆朗瑪峰 Everest 八、八四八公尺，中國人稱它爲聖母峰）。非、歐、亞三洲分界之烏拉山，瑞典、挪威之間的基阿連山，意大利之亞平寧山，非洲之亞特拉斯山，皆不及。

在喜馬拉雅山脈偏北，東西連接西藏與中國新疆維吾爾族自治區，則有氣勢磅礡的崑崙山脈。以風水巒頭理論來言，崑崙山正是位於世界的能量之源、風水中心。因此，有人認爲若從地球宏觀角度來看「山脈」時，崑崙山是地球上所有龍的「太祖山」。不過筆者參與的中華道家學術研究學會教授、學者群認爲，崑崙山應該只是歐亞大陸的龍脈祖山，而越過太平洋與大西洋的南、北美洲兩塊大陸應屬於洛磯山脈及安地斯山脈爲祖山的另一風水系統。讀者不妨看看有標高顏色的世界地圖便可一目瞭然。

龍脈由太祖山出發帶著大地之「氣」，由高而下奔流向大海。因此，近海之平地、半島地區大多是龍脈之「氣」集結之處，有氣則人聚，人聚則可產生文明。從地圖上應可清楚地看出，有數條山脈奔向各地的地勢。

歐洲龍脈：可分四系。中歐阿爾卑斯高原，崛起於端士、義大利之間。

北美洲龍脈：縱分東、西、中三部，中部爲廣大之平原，東、西部皆山地。

南美洲龍脈：安地斯山脈自北向南縱走，衝起阿空加瓜火山，高七千餘公尺，爲本洲最高峰。

澳洲龍脈：澳洲則可視爲一個獨立的風水地區。依澳洲地形如盾，中間突起，西面爲高地，東面爲峭壁懸崖。東部沿海之山脈稱爲「大分水嶺」，南段稱爲「澳洲阿爾卑斯山脈」。

非洲龍脈：非洲龍脈是歐亞南龍的分枝，非洲東部火山蟠結，山勢高聳，多深長之湖泊，最高峰吉力馬札羅山，高六千餘公尺，爲非洲太祖山，自東向西，隨青尼羅河、白尼羅河而下，至蘇丹中部相會，北流經埃及，入地中海。

亞洲龍脈：山脈高低參錯，居世界之冠，中央之帕米爾高原，爲世界屋脊，以此爲本洲山系發源之地，東西而行者有五支：

1. 喜馬拉雅山系，介於印、藏之間。

2. 喀拉崑崙山系，位於喀什米爾、新疆、西藏之間。東南行，橫貫於印度河上游、雅薩布江之北，而爲岡底斯山脈（外喜馬拉雅山系）。

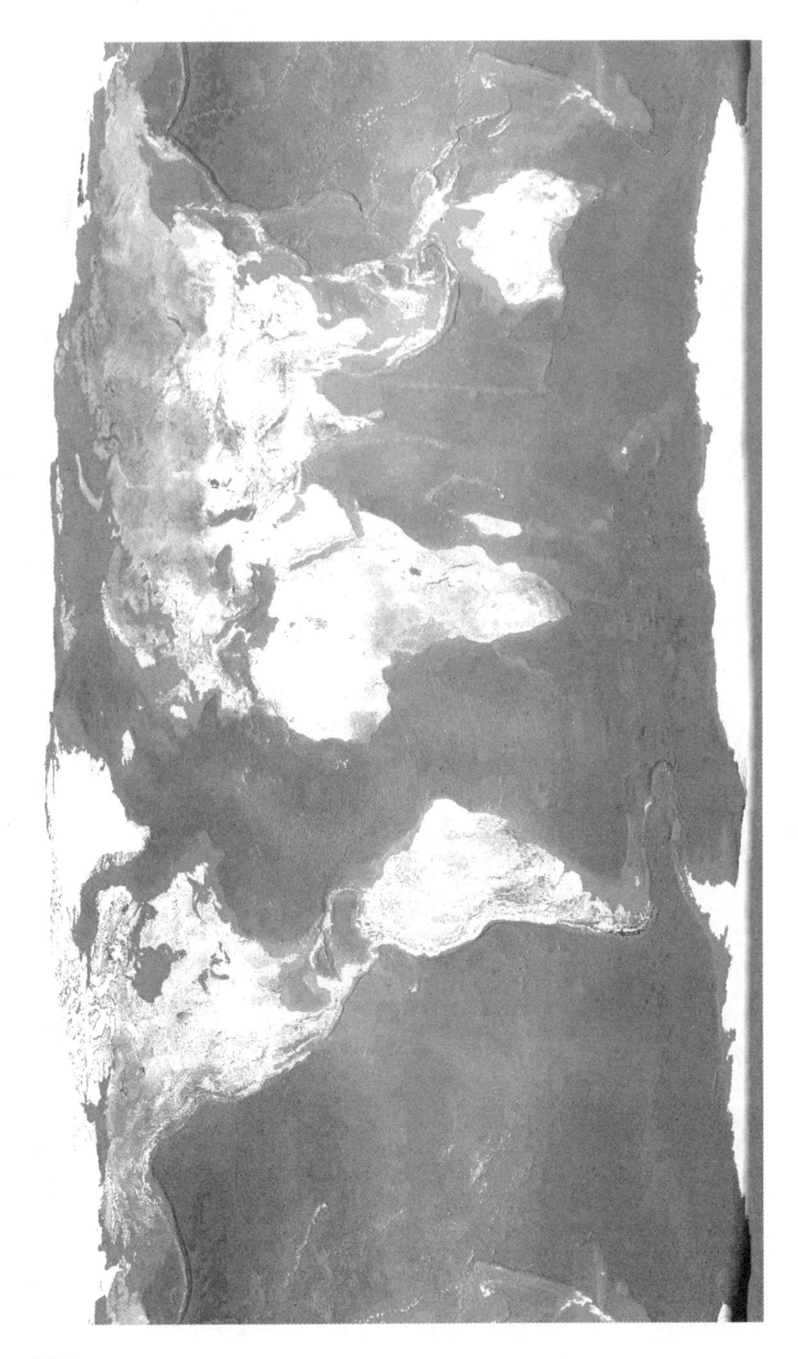

3.崑崙山系，自帕米爾高原，東行於新疆、西藏之間，再東行入青海之中部支脈，分布於中國全境。主要者：

(1)巴顏喀喇山脈，位於青海中部，爲黃河之分水嶺。

(2)阿爾金山，位於新疆、青海之間，東行於青海、甘肅之間者爲祁連山脈。

(3)天山山脈，自帕米爾高原東北行於中亞細亞、新疆之間，復延入新疆中部。

(4)阿爾泰山系，橫亙於中亞細亞邊境與新疆北部。自帕米爾西行，爲橫亙於伊朗、阿富汗之「興都庫什山系」，西南行者，爲巴基斯坦、阿富汗之間的「蘇里曼山系」。復有「橫斷山系」，自中國康、滇南下，分數支入中南半島。

(5)西北境之烏拉山系，綿亙爲歐、亞兩洲之界。

總之，世界之地理山脈之大者，於東大陸多東西橫列，於西大陸多南北縱走。大地以名山爲輔佐，石爲骨，河川爲脈，草木爲毛，土爲肉。太祖山爲一洲之鎮。雖一洲有一洲之山脈，一國有一國之山脈，厚薄大小各異，而骨幹脊樑四肢則同。

其中，特別是那些吉穴之地，可以說，不是被築成都城，便是形成繁榮的大商業都市。

◎歐亞龍脈與人類文明

從地圖上可清楚地看出，歐亞大陸似以崑崙山脈為中心，亦為中國山脈之祖。地理學家綜其本支各脈，稱為「崑崙山系」，有五條山脈（龍）奔向各地的地勢。

第一條龍：經由哈薩克連接烏拉山及阿爾泰山奔向北極圈（稱為歐亞北龍）。

第二條龍：經由莫斯科、由瑞典、挪威的斯堪地納維亞半島奔向大西洋（稱為歐亞中龍）。

第三條龍：經由印度、伊朗、土耳其、歐洲大陸及阿爾卑斯山，再由英倫三島而入大西洋之龍，是橫跨歐亞大陸最大的龍（稱為歐亞南龍），幾乎涵蓋了所有西方古文明與近代文明的發源地。順延此脈由東往西看，這條橫跨歐亞大陸的大龍脈，可回顧自古以來人類文明的發展歷史。

緊接著太祖山，崑崙山脈奔向印度洋的印度半島大陸，因爲大地之「氣」須藉水方能止氣，因此印度文明便在恆河沿岸誕生。阿拉伯地區雖然大部分是沙漠但也是半島形陸地，此處誕生了回教文明及蘊藏豐富的石油資源。另外，西方最主要兩大中古文明，希臘與羅馬都在龍脈入地中海的半島上。位於龍脈進入大西洋的伊比利半島上的西班牙也在十六世紀時代風光一時成爲海權霸主。位在龍脈進入北海的德國、法國都在十八、十九世紀有過輝煌的文明，而且出現過諸如拿破崙、希特勒皆爲不可一世的蓋世梟雄人物，驗證所謂「地靈人傑」之風水定律。

至於英倫三島則爲歐亞南龍入海後的凸點，崑崙祖山的龍脈向四方奔騰時，若將大地之「氣」流，想像成是在龍頭的引導之下奔向大洋的話，那麼英倫三島便可視爲龍的「龍珠」。從歷史、史實，證明英倫島是人類近代產業革命的發源地，爲十九世紀的海上霸主，甚至國勢、國威發展成遍及五洲四海的「日不落」大英帝國。此意味著英倫三島實乃歐亞大龍脈大地之「氣」所集結之處，方能有此成就。

第四、第五條龍脈入於中國，在中國境內再分爲四大幹龍脈，延伸至東亞各地。

楊公救貧在其風水鉅著《撼龍經》中有言：「崑崙山是天地骨，中鎮天地爲萬物」。中國大陸的風水從崑崙山出發後可大略分成二條龍脈，中間由黃河、長江等大河流截住地氣，延伸全中國，孕育中華民族。世界各地所有的炎黃子孫們喜自稱爲「龍的傳人」，多多少少與這龍脈扯上關係。在此，暫且將這向東延伸之一南一北的龍脈稱爲「中國南龍」與「中國北龍」。

中國「北龍」從崑崙山脈起源，經新疆戈壁，由東三省的長白山及朝鮮半島再奔入日本海；中國「南龍」則由崑崙山脈沿著喜馬拉雅山在雲貴高原分成二支，其中一支則由泰國、高棉、越南進入南海，另外一支則經嶺南山脈，由廣東、福建入海。

從風水地理觀點而言，與中國兩大龍脈有著特殊而密切關係者，北爲日本，南爲台灣。日本可視爲中國北龍的「龍珠」。台灣則爲中國南龍的「龍珠」。至於東南亞地區則脈氣雜亂，大地之「氣」已弱，發展有限。

也有人認爲北美洲係歐亞北龍經北極，脫煞經阿拉斯加往東，入北美洲再分岐，形成近代文明強權地區。因此，北美文明是新興的大地之「氣」所成的新文明，可能是主宰未來新世紀人類文明發展之重鎮，因爲歐亞五大龍脈的文明可能皆已過時，例如希臘、羅馬、埃及等古文明都已消失。中國文明雖然傳承迄今，但其精華時期應在二千多年前的百家齊鳴，文化燦爛的春秋戰國時代；經秦漢、延至唐代，氣勢已近尾聲。

日本從神話的天照大神開國以來，眞正有歷史記載的國家形態始於西元二、三世紀的中國三國時代，西元七、八世紀的聖德太子派遣「遣唐使」到中國，大量吸收中國的漢唐文化。歷經奈良時代、平安時代，戰國群雄爭天下之後繼之以德川幕府的江戶時代。一八六六年明治天皇推行新政，史稱「明治維新」，開始大力推動西化，派遣留學生到英、德歐美吸收歐洲的典章制度完成現代化的國家建設。一八九四年甲午戰爭打敗中國滿清皇朝，取得台灣島，明治維新之後約四十年的勵精圖治便擠入世界列強地位。由於軍國主義的一意孤行，野心勃勃，無限地向外擴張，佔領中國東三省、朝鮮，侵略中國，夢想成爲「大東亞共榮圈」的亞洲霸主。

於一九四五年日本軍國主義解體之後，在美國的主導之下建立君主立憲的民主國家。但是，日本從敗戰的廢墟中，發奮圖強三十年後則又以「經濟大國」的姿態出現於國際舞台。雖然一九九〇年以後，飽受泡沫經濟之苦而遭逢前所未有的經濟蕭條時期，不過，在日後的地球村中，日本的經濟實力仍將佔有一席不可忽視之地位。日本列島除了陽光、空氣與水之外，幾乎無任何資源可言。二千年來雖然沒有自創性文化的輝煌發展，但是，近千年來大量吸收中國文化，及近二百年來的歐美文化，充分融合消化之後也形成了具有特色的「東洋文化」。

綜觀日本的文化發展與近代文明的興衰過程，實與日本列島爲中國北龍入海的龍珠不無關係，因爲集結大地之「氣」的地區才有發展之潛能的。再者，日本開國以來從未遭受過外族統治。而且，日本皇室也延續近二千餘年直到現在，一脈相傳，未曾中斷。此亦與日本四個島嶼，只有一座超過三千公尺高的富士山有關。

回頭看看身爲中國南龍的龍珠「台灣」，也算是世界人類史上一個相當特殊的地方。四百年來，歷經荷蘭、鄭氏王朝、大清帝國、日本、國民黨政府，主權五度易主，迄今仍然妾身未明，與中國之關係則在剪不斷理還亂之中糾纏不清。不過小小彈丸之地，居住兩千多萬人口，台灣商人賺進全世界各地的金錢，累積超過兩千億美金外匯，就風水地理觀點而言，若非大地之「氣」集結之處，焉能如此，而且小小島嶼之上竟有亞洲最高峰的玉山，高聳其上，絕非偶然的。

◎台灣與中國地理比較

大陸西高東低，依易經地理龍門八局水法以座北向南，收先天兌卦西方來水爲妙，大川如黃河、長江、閩江等，大多是「江水又東」，自西向東。故中國歷代王朝首都，大都配合來龍山勢，以座北朝南爲主，以北方山爲靠山，不懼冬風的凜冽，同時又收到先天水，向南得到夏天南風的吹來，舒解了夏天的暑熱。台灣東部與大陸一樣，西部則相反，凡水自東而來，向西而去，台灣島本身爲海中鯤魚形，顧祖迴龍之地，應以朝西北或西爲佳；尤其在北緯二十五度以南，宜坐南向北。台灣多位財團董事長之宅與辦公室，皆座南向北。此爲風水談地理方向之道，乃易經地理

之知識。

古時稱霸中原，王有天下如伏羲、黃帝至唐，皆由西北六白乾開門一統江山。遼、金、元、清、四代霸起東北與北方，一坎休門、八白艮生門，或鼎立強盛於一時或霸有中國之江山。中共在陝北延安，既延一時之安，而席捲大陸亦由此道。明代朱元彰，民國孫中山由東南方起兵，鼎足一時，既是天下大勢所趨，故宜明地理風水奇門遁甲之三元氣運。中國歷史發展之政治中心，向以「關中」及「華北」爲主。長安、洛陽、開封、南京、杭州、太原等地，固爲歷代帝都，但平心而論，其地形地勢形局皆不及台北盆地來得合乎風水之「型度」。

十九世紀後，雖海權抬頭發達，已知台島重要性，但仍未及眞正建設。西班牙人、荷蘭人、鄭成功及劉銘傳等人，雖先後經營台島，篳路藍縷，開物成務，但奈何皆爲軍旅之人，文采不足，實難論及格山納水。以台島十六縣之「府、州、郡、衙」，以風水嚴格論之，可歎皆爲「望空打卦」，憑空築造，毫無任何山水理論基礎可言。由此可知，數百年來帝王家之大內國師並未涉足台島，是以大好「王天下」

之穴地乃遭「抛荒」至今，或許當時「時運」未至吧！

第二節　中國龍脈與地靈人傑論

以崑崙山爲祖，分五大系，南北兩大幹。北大幹阿爾泰山系入蒙古，天山山系至新疆省，延入蘇俄與西歐各國。南大幹由秦嶺（北嶺）系、南嶺系、陰山系入中國，遍及各省。

其分佈之情形，王啓燊先生在其所著的《地靈人傑》一書中，敘述得很詳細，茲據其說，訂正並補充於下：

◎北系大幹龍脈

北系大幹龍脈又稱陰山系，從帕米爾高原向北，在天山山脈分出的龍脈經過阿爾泰山、蒙古高原，到達中、蒙國境附近的大興安嶺；再從此處連接小興安嶺，延伸至吉林的長白山地、白頭山等。接著，此條幹龍脈經朝鮮半島，在對馬海峽潛入

海底，到達日本的九州。另一條從小興安嶺分出，進入俄羅斯的龍脈則形成穿越西荷地・阿里尼山脈、間宮海峽、樺太，南下北海道的支幹龍脈，再斷續的南下與南系之龍脈交集形成台灣島。

北系龍脈，由崑崙山發脈，經青海、甘肅、寧夏、綏遠，至太行山，橫亙千餘里，星峰磊落，踴躍奔騰，氣勢宏偉，昔黃帝建都有熊（河南新鄭），堯都平陽（山西省）等，皆在太行山麓，黃河經之，河東之水緯之，故自黃帝、堯、舜、禹、湯、文、武，以來，歷代帝王皆建都西北；蓋西北多山，得天地嚴凝正氣，其龍最垂久遠，形勝完全，上鍾三垣吉氣，宜乎英雄出其中也，楊筠松云：「自古英雄出西北。」

太行山自西北而來，紆盤山西河北之境者，層巒疊嶂，聳入霄漢，大同在燕然山後，曰「雲」，北平在山前，曰「燕」，北平爲陰山系之幹結，昔周封召公于燕，自漢以後，幽、燕皆爲重鎮，元、明、清，皆建都燕京，即今之北京。然而，地靈人傑，人傑地靈，互爲因果，爲政在人，有德易以王，無德易以亡，史實照然，可爲殷鑑。

中原歷代外患，皆發自西北，於今尤甚！如建都南方，則邊情難明，且有鞭長莫及之慮，蓋遠統不如近防也，若建都北京，得時時提高警覺，振軍經武，可近防外患，以策安全，況該處爲北部鐵路中心樞紐，鄰近天津又通海運，陸海空交通，均甚便利，確爲中國建都最佳之地。

◎中系大幹龍脈

中系大幹龍脈又稱秦嶺系，此龍脈自崑崙山脈一分爲二。其一連接祁連山、賀蘭山、陰山、太行山，沿著黃河流域，到達黃海。另一連接金坦庫拉山脈、雪山山脈、婁山等山脈，沿著長江流域，到達東海。

中系龍脈，脈出崑崙，越青海，經甘肅，出天水，辭樓巍峨，綿亙磅礴，入陝西太白山（公尺），經首陽山、終南山、撤落平洋，結長安，即今之省會西安；長安居四關之中，故曰關中，周、秦、漢、唐皆建都於此。周公輔武王爲政，忠恭勤

愼，實行封建，劃分井田，制禮作樂，潛移默化，官民咸宜，國內大治，周有天下，八百餘載，享國悠久。

中幹盡結爲東嶽。自河南開封經考城，蜿蜒低伏，行至山東濟寧，崩洪渡峽，平原散漫，一望無際，再由此延袤東行，至泰安而結泰山；北界黃河，南界長江，有如束帶，兩大界水夾送至海。居中國大地正中，得天獨厚，大抵途經沃野，無大山重阻；泰山窿然特起，陽極生陰，此類大形大勢，結作最鉅，況博厚隆重，群山翼帶，拱衛南北，堪稱莊嚴宏偉。孟子曰：「登泰山而小天下。」令人嚮往！泰山爲五嶽之長，正脈由濟寧中間抽出嫩枝，行至曲阜，山有尼峰之秀拔，水有洙泗之逆流，左界黃河，右引長江，極風水之大觀，鍾山川之靈秀，川嶽呈祥，地靈人傑，故能誕生孔聖。

孔子崛起布衣，講學闕里，繼往開來，道冠古今，師表萬世，學子三千，而有七十二子之賢，一時應運而興者。較之北幹僅得嚴凝，南幹僅得溫厚者，其力量又自不同，此中幹正龍之大結作也。

中幹一支自甘肅來，左東行爲鳳翔，中東行爲西安，右南行爲岷山，而岷山一支則結四川全省。自古稱爲「天府之國」。秦漢以後，素爲西南政治、經濟、文化、軍事中心；三國時，劉備稱帝於蜀，得丞相諸葛孔明英忠佐輔，雄視吳、魏，而成鼎足之勢。

◎南系大幹龍脈

南系大幹龍脈又稱南嶺系，此龍脈從喜馬拉雅山、五嶺山向東，通過南嶺、五夷山、台灣海峽，脫煞經澎湖列島，直達台灣的大幹龍脈。另外，經由越南、老撾，直至南海的是小幹龍脈。這些分歧的龍脈又在各地相互蟠繞，在東亞各處結成龍穴。

南嶺系龍脈，脈亦發脈崑崙。南行之脈，經南雄、曲江、從化，踴躍奔騰，至番禺白雲山，中心出脈，蜿蜒起伏，撒落平洋而結廣州市；東西北三江大水會注其間，珠江環遶，山水大聚，加以虎門鎭鎖水口，融結益旺。廣東香山蔭生孫文，爲中華民國國父。

五嶺之龍由桂入湘者，蜿蜒湘、資二水之間，獨衡山秀起，盤旋衡陽、衡山、湘鄉（曾國藩故里）、湘潭、長沙之間，而延至湖北漢陽爲盡結；諺云：「兩湖熟，天下足。」湖北之龍，聚秦嶺系、南嶺系之菁英，分別由陝西、四川、湖南三處而來，會於漢口、漢陽、武昌之間，爲平漢、粵漢鐵路交通樞紐，四通八達，形勢重要，系兵家必爭之地，辛亥革命，武昌起義，結束數千年帝制，創立民國，厥功甚偉。

五嶺一支由江西南康經吉安（歐陽修、文天祥故里）、臨川（王安石故里）、德興（出地理名師甚多），至今江西婺源縣（朱夫子祖居地），趨徽州、黃山、廣德，入江蘇金壇，經茅山，至句容，復西北行，至紫金山，撒落平洋結江寧，即今之南京。南京雖合垣局，惜北方無大山護衛，風吹爲患，爲垣氣多洩，楊筠松謂：「長江環外有三結，恒前中水列，垣中已是帝王郡，只是恒城氣多泄。」論形勢是英雄用武之地，可以駕馭四方，號今天下，而興王業，但以地理家言之，雖合「紫微垣局」，奈恒氣多泄。

南幹所結之次要城垣，為浙江之杭州，風景幽美，馳名天下。浙水自仙霞嶺屈曲水流，至錢塘江入海，水秀山清，文風甚熾，人才蔚起，於今尤盛。

第三節　傳統風水觀念架構

太古洪荒，大水犯濫，氣候無常，人們對著上蒼，總是充滿驚恐徬徨與迷惑，當時的先聖先哲，透過長期嚴謹的觀察與統計整理，在《易經繫辭傳》載：「古者伏羲氏之王天下也，仰則觀象於天，俯則觀法於地，觀鳥獸之文，輿地之宜，近取諸身，遠取諸物，於是始作八卦，以通神明之德，以類萬物之情。」如此之觀天文並察地理，得知天、法天、配天，演繹「天地合其德，與日月合其明，與四時合其序，與鬼神合其吉凶。」以達天人合一之哲理，與天地人三才之應用法則，更衍生出風水等之學術。

「風水」，其實是對大地環境之生態，綜合了地質、氣候、水文、建築、造園、農業、心理，乃至於軍事政治之一項「整體結合」。風水除了要「相」得吉地，以

保障自己的生命安全外，更尋求風水之大聚或小聚，評估其對人口的「承載量」，而決定建大都城或闢小鎮。所以風水正促使人們對大自然是「用天之道，分地之宜，謹身節用，以養父母」，以達「萬物並育而不相害，道並行而不相悖」的一種「正德、利用、厚生」的生態平衡，與永續經營及環境保護概念。

風水既然是活在華人社會中的一種觀念，就是不得不弄明白的一門學問。自古以來，風水是先哲經驗累積而成思想形態的一部分，在華人傳統行為摸式與生活觀念裡佔有重要地位。自華人文化學的觀念，這已經不是迷信的問題，是我們文化中不可分割的一部分。

◎觀流水、相陰陽之古城址選擇

中國古代對城址的選擇是一件十分隆重的事，它關係到未來的事業是否興旺發達，關係到族人與國家未來的前途與命運，因此必須認眞對待。古都選址也充滿了禮儀規範和天人相應的文化與意識。

記錄城址選擇過程和原則的文獻起源甚早，直可追溯到《詩經》裡所記述的先周時期。《大雅・公劉》篇就記述了周文王之前的十二世祖先－公劉，他約在西元前十世紀帶領周人遷居「邠」地（今陝西旬邑縣西南）活動。其選擇城址的經過如下：

原詩的大意爲：公劉先登上巘山察看地形，見山崗之南有百泉流過，廣原可居。於是進一步設立圭表、景尺進行測量、察看日影。「相其陰陽，觀其泉流」。之後下到平地選擇水源豐富、地形寬敞的地方。「逝彼百泉，瞻彼溥原」。北有高大的巘山阻擋北風的侵襲，南面遠處朝山、向山分明；東、西兩側耳山蜿蜒起伏。這裡山環水繞南面開闊，兩側泉流縈繞。此地可以避水災、禦乾旱、防戰亂。內可開墾種植，外可憑險扼守，是營立都邑的良好地方。於是公劉進行規劃，經過良好的位址選擇和環境佈局，源源不絕地吸引居民，不久歸附的百姓越來越多，爲子孫的繁榮和進一步發展，打下了良好的基礎。

《管子・乘馬篇》云：「凡立國都、非於大山之下，必於廣川之上。高毋近旱

而用水足，下毋近水而溝防省。」因天材，就地利，是說：城址選擇藏風得水。城內的居民則「仕者近公，不仕與耕者近門，工賈近市」，以職業劃分居住區，為城市發展的趨向，其城都選擇的地理形局要求，城與經濟、人口的關係，其中的科學道理甚明確。

◎巒頭—自然的概念架構

巒頭，亦稱「形法」。事實上它構成人為自然環境的一種概念性架構，說它是中國人的空間觀念亦不為過，也是中國文化中最重要的精神元素之一。有了這樣生動的觀念去觀察自然，就感覺天地間有一股不可遏止的生氣，潛藏在大自然間。這股生氣、凝而為氣，是活力之泉源，風水家稱之為「穴」。自古以來，中國人就把自然界的「穴」與針灸學上的人體的「穴」視為同類。又視「穴」為胎息，把地與人連結在一起，「地靈人傑」的觀念反映了傳統「天人合一」思想的一端。有靈氣的自然環境產生偉大的人物，是中國人自古以來的信仰。

穴要藏風聚氣，用現代環境的觀點來解釋，風就是空氣的流動，水就是河川、溪流，這兩者在自然環境中屬於動態的元素，與靜態的山勢成對比。環境的滋養生命的條件乃由空氣與水來決定。藏風止水，對空氣而言，其意義是不會暴露在勁風激流之下，因而形成一種平靜、溫和的生存環境。對水而言，意義是不傾流直瀉，因而形成一婉轉而滋養的生存環境；所以說水是「形止蓄，化生萬物」。

陶淵明寫的《桃花源記》的樂園，實爲風水家所構想的福地。在群山環繞之中，屏障嚴密，颯烈的山風到此化爲溫馨的氣息，這山巒之間，河川緩緩蜿蜒，阻止了山勢，開拓了盆地，也孳養著盆地中的沃土。所以風水家說：「入山尋水口，登穴看明堂。」「明堂」就是指這盆地。他們所希望的是一個很狹窄的水口，一個很廣闊的盆地，並希望「明堂容萬馬，水口不通舟。」

桃花源裡的柳暗花明的境界中，必有一點爲靈氣所鍾，生氣所聚，凝而爲「穴」的。像這樣一種生氣環境觀念，古人有很多比喻來說明。卜則巍在《雪心賦》上說：「重重包裹紅蓮瓣，穴在花心。紛紛拱衛紫薇垣，尊居帝座。」這花蕊是未來生

命結實的所在，這圍繞的山脈，層層如花瓣，而風水家們稱之爲「結作」。

在風水家的心目中，山脈與一株樹是相同的。其主幹粗糙，雄壯有力，可輸送生命到枝葉，健康而有生氣的樹木，才能有高昂的生命力。纖小而瘦弱的樹木所含的生命力亦微弱。然而花木生命之所聚乃在結蕊開花之處，出現生命奇蹟的尖端，其枝葉是鮮嫩的、是秀麗的，自粗壯的主幹到花蕊之間，一棵樹要經過層層的粗幹細枝，此枝節愈小，則素質愈嫩，襯托著鮮艷動人的花朵。古云：「根大則枝盛，源深則流長。要龍眞而穴正，要水秀以砂明。」砂在風水上爲主脈之分枝，形成圍護之形勢者，故砂即山。最後一句話，實爲「山明水秀」。從這觀點去看自然環境是很智慧的，山石嶙峋的主脈是一種奇觀，卻不適於居住。

理想的福地大概是到了山脈的末梢，山勢平緩，山嶺犬牙交錯，山谷排水道曲折，水流速度大減，經久而逐漸淤爲盆地的地方。只有在這種情形下，群山圍繞之中，才有沃野可言。反過來說，如果某地之水入處爲一條河流，竟分數口流去，或末端開口寬闊，如台灣西部之中部大肚溪、大甲溪口，則必沖刷而無蓄。水來則一片汪洋，水去則石谷嶙峋，是沒有甚麼生氣可言的。不用說作爲人類定居的環境，即使花木、鳥獸都很難棲身。所以短促、急湍的河流不會有福地。風水家說：「水走之玄莫問方」，就是希望水流緩慢，如一條河流能如「之」字或玄字形前進，如同台北盆地的基隆河，則可不必考慮方向問題，必然大吉大利。

◎探研台灣地理巒頭

現以台灣的例子來說明風水巒頭原理如何在實質上與概念上把環境與禍福連在一起。依照風水家觀察「龍脈」的走向，中國的山脈自崑崙山而下，分爲三支，台灣雖爲一海島，可說是南支中的尾端。然而依龍脈追尋，台灣是南支幹龍的尾端與北支幹龍尾端交集沖起之島。

南支是長江與粵江的分水嶺，自川黔而東來，蜿蜒於湘贛、粵桂之間，到福建的武夷山俯瞰東海。北支幹龍經朝鮮半島，在對馬海峽潛入海底，到達日本的九州，延續再潛入海底至台灣。另一條從小興安嶺分出，進入俄羅斯的龍脈則形成穿越西

荷地・阿里尼山脈、間宮海峽、樺太、南下北海道的支幹龍脈，再斷續的南下與南系之龍脈交集形成台灣島。台灣如是漂在大洋中的孤島，那樣就沒有福澤可言了。台灣是南支龍脈自武夷入海「過峽」再昻首躍起，並與北支幹龍交集所形成的寶島。

自風水上看台灣的條件就再明白不過了。台灣島「過峽」躍起時打横收身頓住，回首顧祖。由《地理人子須知》上所載，風水中之山水，貴在交纏，必須「山大曲水大轉」，如山脈一線直落，水不可能交結，所以「回龍顧祖」是很必要的。又因「祖山」力長，奮起的高峰插入雲霄，為東南亞第一高山，福力雄厚、深長。

台灣如不過峽自然就不能成為海島，不用說美麗的寶島了。「過峽」可以脫「煞」，成為秀麗的形貌。如果台灣連在大陸上，不過是南龍脈之枝腳，也就無世界矚目經濟奇蹟的表現了。

台灣島躍出水面後，與大陸海岸線路略呈平行狀，是轉身的姿態。轉身而似回頭遙望大陸上的祖山，由於轉身，台灣的龍脊在東，平原在西，面向大陸。很顯然，這是決定台灣為寶島的基本環境條件。造成了控制大陸東南的局勢。只要推想台灣西部平原改到東部，會成甚麼情狀，就可知此一條件的重要性。若本省的農業區暴露在常年海風侵襲之下，或在未經中央山脈阻隔的颱風肆虐之下，還有甚麼寶島可言呢？又如果這龍勢順行打住，沒有打橫，又會有甚麼結果呢？必然在中央山脈的兩側受風，全島無可聚蓄之處，也就不是理想的生聚之處了。

中央山脈高聳是台灣有別於一切亞熱帶海島的特色。它不但使本省包含了各種氣候的地區，而且屏障了西部平原，使島上龍脈起伏，枝腳糾結，在實質環境上出現了的變化，形成了大小不同的各種「福地」的局面。假若台灣如同一般海洋島嶼，則其情況可與目前澎湖相似，必然是禿山濯濯。即使沒有海風肆虐，亦必如南海島嶼，經年潮濕，或瘴癘彌漫，大家只好住在樹枝上，摘果子爲生，還有甚麼發展可言。

台灣以玉山爲脊的中央龍脈，起伏騰躍，向北方奔去，到了北部分爲兩支，一走宜蘭、基隆、轉而西向，自金山至陽明山、至圓山入首，外支則到關渡起頓而壁立。另一支走苗栗、新竹北上，略向東轉，形成一列山，再迤邐東向，到觀音山入

首，與關渡隔淡水河形成對峙的局面。這兩支在進行中，均「披甲、帶庫」，沿途形成不少的局面，在近台北平原時，北投、天母一帶及木柵、永和等地，均為形勢大好的福地，結「地」連綿，但眞正的大地乃台北盆地本身。

新店溪會大漢溪後成淡水河，河面加寬，略彎曲折，形成盆地的主體，同時也形成台北市正向之環抱水。基隆河為上支龍脈之界水，之玄委婉，至圓山強渡，斷開水門，匯入淡水河。

風水家認為圓山下之中山橋為台北市封閉緊嚴的內水口，已有龜蛇守護之貌。而觀音山與關渡為台北盆地之主水口，左獅右象，形象宛然，水口之守護尤為動人。在此時有這樣好的福地為首都，易學家們對台灣的前途，莫不有堅定之信心。（但一九六五年中，因當時執政者誤信謠言傳說，將完整的獅頭炸去。二〇〇三年初，中山橋被一群自認現代水利專家建議已拆除。治水不用大禹之疏洪法而用鯀的圍堵法，使台北無法享親水之福。）

以自然的環境來看，台北盆地雖頗有水患，然其為北部僅有的水流舒展，山勢秀麗的地帶，是不容置喙的，成爲全台的首善之區。雖有很多人文條件可以解釋，然而，風水家完全歸之於地理的形勢，亦言之成理。

第二章　風水概述與選址佈局

風水是探求「居住環境」的學問，是以「人法地，地法天，天法道，道法自然」的精神遵守大地運行的法則，闡述來自自然地理的原理原則，表現人對自然的尊重。其概念與內涵精神亦明確的指出，風水是探究自然環境的能量與人類生活之間的關係，以及創造舒適生活居住的品質。

二十一世紀的今日科技解開不少大地之謎，發現宇宙日月星辰，地上山林草木，均有運行之理。如秉持人定勝天，逆天而行，往往遭致災厄，這也正是《易經》的起源，用八卦五行定出生剋之理，產生中和之道、動靜之術，晴看日晷，雨看流水，依此原則建構居宇，身心可獲得安適，自然會鴻運當頭。換句話說，風水是依據人體與人文地理關係而成立，「天機」中帶著濃濃的人與自然尊重的實用。

風水的泉源來自「易」，是一門探索宇宙天地「變化」的學術。易談及「恆」

時說它是不變之變，意思是說，要恆久不變，就應該不斷改變；變也可解釋成調整，想要活得更好，就得不停的自我調整。科學家相信，宇宙是個大磁場，風水不外談山論水，山正是生命力的起源，而水則是凝聚這種能量的媒介，蘊藏和諧能量場的地區，即是好風水。

第一節 風水導論

我國自現代教育制度實施以來，風水就被認定爲一種迷信，一種進步的障礙，因此不被視爲可以傳授的知識。受現代教育的青年，包括建築師內，對風水一無所知是當然的，所以風水是現代化過程中被犧牲的中華傳統文化的一部分。

拜美國人對「中國熱」所賜，國際人士對早期中國文化及其成就甚爲驚訝。針灸療術的成功使外國人對中國一切神祕古老的異術都感到興趣，而認爲有研究的必要。期望自研究中得到一些環境計劃，或設計中合乎科學的原則。自一套迷信或準科學的系統中找出科學的原則，是需要很多羅識與附會的。當然，這不證明風水完

全不可能有科學的基礎，針灸到今天雖找不到科學的依據，但其靈驗是無可否認的。也許今天的科學仍未發展到可以瞭解針灸的程度，我們不能向針灸挑戰，因此也很難向風水挑戰。

◎風水觀念概述

中華風水學之根本是起源於易經。易經中使用卦爻符號圖像，沒有文字，一直到中古三千年前才有用文字來解釋。總之，是上古中國之知識分子（或推測是外星文明所傳遞的信息）發展出來的。先有伏羲氏之先天八卦，後有文王後天八卦，再推衍成六十四卦，由歸藏易、連山易進而演繹流傳至今的周易。易學蘊藏更高一層宇宙眞理，有待我輩努力去解明及發揚光大。

中國之風水學，就是講究風與水跟人居住及祖墳的相互關係；風就是空氣，水就是水。大氣會流動，水會流動，有動才有變，變就是「易」change。跟「變」有關係的牽涉到時間之差異，空間之差異。中國風水學就是研究這個變化對於人類生存環境的影響。

談風水前先談宇宙，易經中談的宇宙論，要以老子的道德經來闡明：「道生一，一生二，二生三，三生萬物」，道德經云：「有物混成，先天地生，寂兮寥兮，獨立而不改，周行而不殆，可爲天下母。吾不知其名，強字之曰道」。簡言之就是太虛，地球是宇宙中各種粒子結構的巨大粒子球體，它是一虛的球狀，唯其中也蘊含巨大的能量，而宇宙太空中則有無限多波粒性物質充塞，卻也有不少的星團存在。在人的腳下是陰中有陽，頭上又是陽中有陰，而風與水就在這兩個介面上扮演著非常巧妙的角色。

中國人有特別名詞「气」，它不是空氣的氣，是一種波性旋轉的能量，對萬物有特別的功能，它就存在於大氣中，而且會集結在水的分子能量中。生物存在的指標是 DNA，DNA 呈雙股螺旋，由 A.T.G.C 四種物質對對編碼排列，每二個成一組，共六十四組，它們爲專屬組合，配合成密碼鍊，來指揮細胞合成各種蛋白質，這些蛋白質爲荷爾蒙，生物組織的基本原料，易經六十四卦組合編碼的架構與此頗

類似，兩者之關連尚待人們破解。

地球內部是活生生的在進行新舊交流，因此才有板塊運動，造成七大洲的佈局，地殼最厚處（海平面上越高地殼也相對越厚）是亞洲的青康藏高原，同時該地殼下方累積從印度次大陸衝入喜瑪拉雅山下的地殼最大量，往下地心沉入，成超級冷捲流，磁場發生於此，轉變移動也在此。

中國在古時就會利用羅盤來定向，地磁由南極發射出磁力線再由北磁極吸入，係地球內部之地函，鐵性物質旋轉流入及流出地核而形成，並不是固定的，強度與磁極也因時間而有變化。地球磁場是因累積在地函的金屬性物質下沉到地核時，因自轉扭力與內對流旋轉作用產生磁力線。磁場保護地球不受到來自太陽的高能粒子直接攻擊，生命才能維繫。

中國風水強調「龍、穴、砂、水」的巒頭硬體，這部分是陽的性質，而「立向」就是如何利用這些「天線結構」立向來收取從太陽系或銀河系及大宇宙發射進入地球場的超光速「能量波」，這些訊息波使陽宅充滿了「氣」。此信息波誘發人類

DNA遺傳訊息之解碼，使人體內分泌系統調和，體內七個氣輪與宇宙信息波產生共振共鳴，得到整體統一的思慮，使人體生化、精神反應達最佳之結果，而獲得美滿的人生。這是一門「超科學」的技術，相信二十一世紀的人類可以解明其反應機構過程。

都市建設規劃與建築物設計是空間佈局的藝術，所有硬體結構物是實質的物質（物質爲實用陽），卻要有相對的空間讓人類生活起居辦事活動於其空間（空間爲虛用陰），這兩者的協調就是風水問題，構造是體，空間是用，體用能兩全，就是地理風水的最高境界了。

◎風水的定義與功能

風水，俗稱地理，學名「堪輿學」，是研究人類生活環境，利用天時地利美化人生、幸福人生，及生死存亡、興廢成敗的一門學問。人類生活、生存居住的環境，既要有風有水，又要避風避水。風就是空氣的對流所產生，水是人生命的第一需求，所以叫做「風水」。

「風水」一詞最早出現於晉朝郭璞（公元二七八年～三二四）所著《葬經》，經曰：「葬者，乘生氣也。氣乘風則散，界水則止。古人聚之使不散，行之使有止，故謂之風水。風水之法，得水爲上，得風次之。何以言之？氣之盛雖流行而其餘者猶有止，雖零散，而其深者猶有聚。」其中所指的「氣」，就是大自然的力量，以現代科學的術語應是磁場能量或泛稱的宇宙能量。因此，古人所謂的風水，實乃研究大自然環境對人類命運的影響。

好的風水，就是要藏風聚氣，沒風沒水，人類無法生存；多風多水，則百病叢生，不合生存居住的環境，人們要選擇「有風有水」，又要「避風避水」、「藏風聚氣」的生存居住空間，就必須研究「堪天輿地」的學問。所以說堪輿乃「堪天輿地之道」，就是研究天文、地理、地質、山、水、氣象、生物生態環境、景觀、物質、化學、室內裝修佈置、建築、力學、奇門遁甲、陰陽五行及地物、地況、地態的學問；是講究人類生活環境與食衣住行等關係的一門學問。

歷代堪輿學家把堪輿稱爲地理，是依據《易經．繫辭傳》所云：「仰以觀於天文，俯以察於地理。」因爲中國古人相信地有剛柔之理，亦如今人所稱地脈地氣之類。地理包括自然地理與人文地理。

自然地理中包含：

一、天文地理：主要研究要點有1.地球與天體的關係，2.地球的形勢、磁力線，3.地球的運轉，4.地表的方位、氣候、經緯度的假定等。

二、地文地理：研究要點有1.水陸位置的分配，2.地殼、地表的改變，3.水的區別、空氣的作用，4.氣候的差異、土壤的分別等。

三、生物地理：又有動物與植物地理分，研究要點有1.生物的分佈，2.植物與土壤的關係，3.動物對氣候的適應，4.人類分佈及人種分別。

人文地理研究要點：1.人類的分佈及人種的區別，2.世界的民品，3.政體的區別，4.語言的差異，5.文字的構造，6.宗教的信仰。但除了這六個要點之外，更進而研究種族的盛衰及文明發展的本源等事項，故又可細分爲歷史地理，政治地理，

經濟地理、軍事地理、殖民地理等項目。

因此，風水即是研究天時地利，生死存亡，興廢成敗，以及美化人生，幸福人生的學問。上可以謀求團體、公司，乃至國家的安定、富庶與樂利；下可以謀求自己、家庭，乃至家族之成功、富貴與幸福；中可以使三界幽冥、人天世界，各得其所，乃至成神成仙成佛。實爲一部非常有用之學。

◎陽宅風水

陽宅風水是專門研究「陽宅」的堪輿地理，凡研究陽宅、公司、工廠、辦公室、學校、行政機關，大至首都、總統府，小至鄉鎮村里公所、住家、別墅的天時地利、理氣、地形地物、地質、地態的風水吉凶，都是「陽宅風水」所討論研究的範圍。

在十三經中的《周禮・六官》開宗明義，必先提到：「惟王建國，辨方正位，體國經野，設官分職，以爲民極。」可見建立國家、安定人民，體家經國四方的國境、辨正方向，建立國家首都與人民居住的生活環境，是古代執政者首先講究的要務。在中國的歷史上，建都長安比洛陽好，建都北京比南京富強，某大城市、大公司能否發展，均與陽宅風水有密切關係，平民百姓的住家一樣重要。所以許多企業集團均重現風水。

希臘與印度哲學，對宇宙形成，惟得其一曲之理，中華古昔聖人，能探賾索隱，究宇宙之全，鉤深致遠，研萬物之理。畫八卦，作易經，以說明宇宙人生的演進，囊括萬物群品的繁雜。《易經・繫辭傳》云：

「易有太極，是生兩儀，兩儀生四象，四象生八卦，八卦定吉凶，吉凶生大業。」

「古者庖犧氏之王天下也，仰則觀象於天，俯則觀法於地，觀鳥獸之文，與地之宜，近取諸身，遠取諸物，於是始作八卦，以通神明之德，以類萬物之情。」

「八卦成列，象在其中矣；因而重之，爻在其中矣！剛柔相推，變在其中矣；繫辭焉而命之，動在其中矣。」

太極就是宇宙的本體，兩儀就是「陰陽」，在堪輿風水叫做「左青龍」、「右

白虎」，四象就是老陰、老陽、少陰、少陽，在風水叫做「前朱雀，後玄武，左青龍，右白虎」。八卦就是乾、兌、離、震、巽、坎、艮、坤，在風水就是東、西、南、北、東北、西南、東南、西北的八個方向，再推度之，則爲九宮洛書、河圖十進位、十二宮十二地支方向、二十四節氣、二十四方向、二十八宿分佈、六十甲子、六十方向、六十四卦方向、一百二十分金、三百六十度、三百八十四爻方向的衍生和確定，由此確定陽宅風水的方向、座山，與四周環境、風水、地形、地物、地況的關係。

《宅經》上說：

「凡人所居，無不在宅，雖只大小不等，陰陽有殊；縱然客居一室之中，亦有善惡。大者大說，小者小論。犯者有災，鎭而禍止，猶藥病之效也。」

「夫宅者，乃是陰陽樞紐，人倫之軌模。非夫博物明賢，無能悟斯道也。」

「故宅者人之本，人以宅爲家居。若安即家昌吉，若不安即門族衰微。」

可見研究陽宅風水，對我們國家、公司、家族，及對自己本身的前途、健康、後嗣子孫，都有息息相關的密切關係。是人人必須注意的一門學問。另「陰宅風水」，不在本書討論之內，故從略。

第二節　風水的環境概念

觀西方景觀建築學與生態建築學的發展，使不少學者以反向思考的方法回顧歷史，投向「人類的本能」和「昔日的眞理」。結果，人們注意到，在東方，在古代中國，曾有一門綿延發展了數千年的學術。因而，將風水由術數推向學術。美國學者史密森就曾說過，單純以爲風水是理、數、氣、形的結合是不夠的，它其實包括了人十自然十人對自然的概念，是一門神聖的環境景觀與自然之科學，這就是中國傳統的風水理論架構。

風水理論的基本取向，特別著重於人、建築與自然的關係，即「天人」關係，與「天人合一」的宇宙觀，有著根本的一致。值得重視的是，由於風水注重人與自然的聯繫及交互感應，因而注重人與自然種種關係的整體互動，即整體思維。

西方學者對風水理論的關注與歷史認同，在衆多的著述論說中，如美國學者托德夫婦（Nancy J. Todd, John Todd）於一九八四年出版的《生態學設計基礎》一書中有關「風水世界觀」的概括評價，就可得到較典型的觀念。李約瑟博士在《中國科技文明史》一書中也對中國風水的景觀特色做過積極的評價，還說：「風水是一門準科學。」

◎風水與環境的關聯

談到東方風水學，採用西方近年來努力研究的「環境心理學」作爲驗證的題材。環境心理學的根源約略與西方心理學同時，主核心糾纏不清，確切的年代不出一百三十年，與五千年的中國風水史自然無法相提並論。但爲什麼西方的學問只有短短的一百多年，就進入學術的殿堂之中，而中國的學問卻長長的數千年，還在爭辯之列，是中國不夠科學？還是學者不夠用心？

環境心理學是一門研究人與所處的物理環境互動的學科。在互動的過程中，人改變了環境，環境塑造了人的行為、健康與經驗。這個定義也正好與風水相雷同。

環境心理學、生態學、風水學的細部結構，都是說「住的科學」，與人的生活綿密相關，研究的主要內容包括環境認知、氣候、溫度、光、顏色、噪音等潛在的環境變項，壓力與人的關係，個人空間、領域行為的調查，居住環境的研究，自然與人的關係，包括山與水景等等。風水學所談的形、氣、理包含也正是這些。

形的理論有許多種，如陰陽、龍、穴、砂、水、有機論、自然觀。陰陽是風水之祖，述及風水龍脈必先講陰陽，一陰一陽相間而成，才不呆板，也正是《易經》六爻的緣起，顯得有生氣，景色優美。老子「負陰抱陽」的理論，與環境心理學者研究得出的環境物理因素雷同，負陰抱陽爭取的是充足的「光」，風水家主張陰龍必須以陽水來配，山水和合，環境才美，人居方宜。

環境影響人的心理與生理，儼然成了世界地球村的共同話題之一，必然會與生態學、人類行為學結合，共同關心人與自然互動產生的話題。一棵樹的長成需百年，一棵樹的滅絕用現在的技術只要數分鐘，或是更短，人們萬萬沒有想到一棵樹毀滅

後影響的不僅是自然，如水土的保持等而影響人的生活環境。在光禿的環境中成長的人，個性多半變得古怪、無趣、內斂、難以相處，這項事實說明人的性格都與它有關。

西方的「環境心理學」相信，外在的物理生態會進入意識範圍內，進而影響了內在的心理生態；透過環境的重塑，影響人的心情，建構身心健康的人生。東方的「中國風水學」所談的形、氣、理也正是人與自然互動的關係，企圖把自然環境與人的心理作用融合一起。

風水的環境觀點也是如此，把自然環境與人的心理作用融合在一起，叫做「心理環境」。風水的暗示作用極強；山高水長，子孫度大氣足，山逼水窄，出人心胸狹隘。《寶鑑》說：「山厚人肥，山瘦人飢，山清人貴，山破人悲，山歸人娶，山走人離，山長人勇，山縮人低，山麗人達，山暗人迷，山順人孝，山逆人欺。」指出環境對人的性格也有所影響，這與心理學家的近代研究結果不謀而合。

◎有關「風」與「氣」的風水概念

「風水」二字簡明表示「風」和「水」一直是選擇吉地的兩項重要因素。郭璞撰《葬書》認爲「藏風」是風水選擇中的最重要條件之一，除了強調其重要性之外，大部分的風水書籍對「風」很少論及。爲何會這樣呢？《葬書》並未把山列爲前兩項最重要的風水法則之一，但大多數風水書中，對山脈比對任何其他風水要素論述多詳細全面。爲什麼呢？要想解釋人們爲什麼這樣重視山，得先瞭解《葬書》所論及的氣這一風水概念。

《葬書》認爲陰陽運行地下則爲生氣，噴發出去，則爲風（圖2-1）。風和生氣是同種物質（陰陽二氣）的兩種不同存在的狀態。因此，當生氣露出地面，升入空中，就變爲風，如果風被吹散蕩盡，就無法利用，故爲了將生氣聚止於某地，有必要防止生氣蕩散。不管怎樣，只有環繞吉地的層層山巒才能遮擋住風，這就是吉地之通常是群山所環抱之盆地的原因了。所以，從理論上講，若有風很容易吹進之地，該地就非吉地，因爲這種地方甚至連源自吉龍（山脈）的生氣都不會爲人所用。

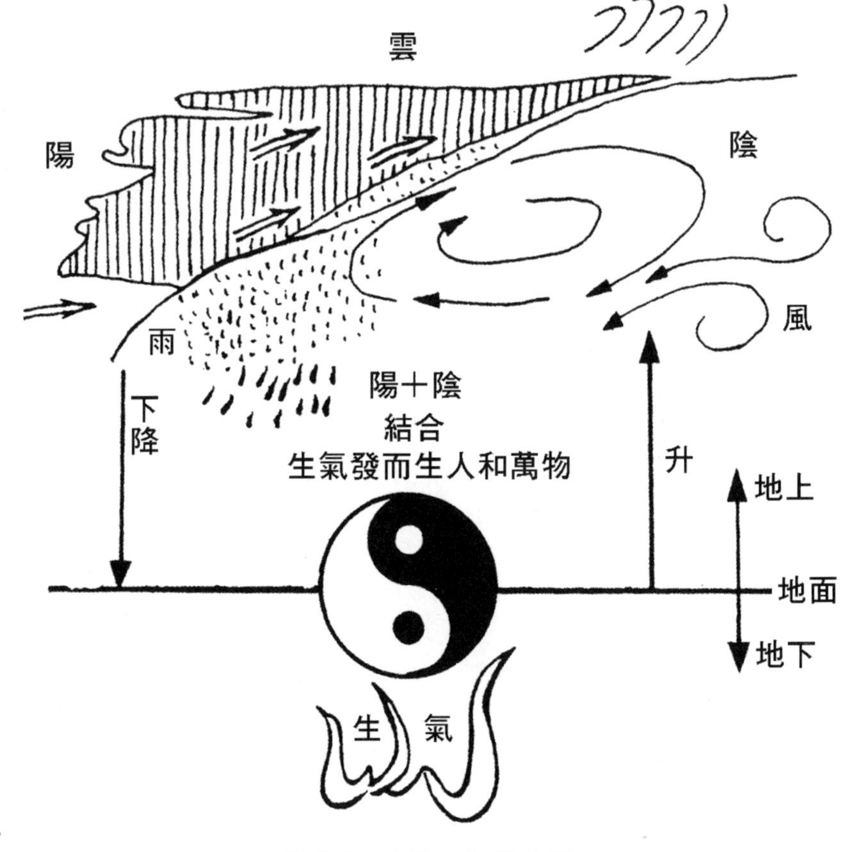

圖 2-1　陰陽二氣變化圖

風水中沒有凸風，只有凹風，之所以稱凹風是因爲只有當山中有溝谷存在時，風才能由此吹進群山環抱的吉地。如果吉地爲連綿不斷的重山疊嶺所層層環繞，密如完城，那麼當風吹來時，就會越此而過，不會吹進吉地。因此，吉地中的風反映了環繞吉地的山巒的質量。

按陰陽概念，風還可分爲下述兩種類別。若風從山頂往下吹則稱之爲陽風，反之若從山谷向上吹則稱之爲陰風，這是一種很普通的分類法。總之，不可忽視風的作用環繞吉祥地的「山」的重要性，同時反映了風水中「風」的重要性。

「風」與「氣」是相互聯繫的。古人說：「必察天地之氣，原於陰陽，明於孤虛、審於存亡，乃可量敵……。」中國古代認爲，自然的基本要素是「氣」。所謂氣就是一種力、一種場，氣的存在是不斷流動的，或重濁、或輕清。重濁的氣屬陰、輕清的氣屬陽，陰陽相對，生成萬物。

古中國人還認爲，物質都是由木、火、土、金、水五種元素組成的，即所謂五行學說。這些木、火、土、金、水流動著的氣之輕、濁狀態，構成天地萬物，而這

種所謂「氣」構成天地，生成萬物的觀念，就是所謂天人合一、萬物一體的思想。所以認爲，天地（自然）的運動直接與人相關。這種天人合一的思想，與現代的生態學對自然界的理解和認識是相同的。

氣是類似空氣的物質，所以是動態的。但從地理上講，又是靜態的。因此，用什麼方法在固定的地理環境中、在固定的地點能夠得到山與水的吉祥氣，即是風水中之重點。重重疊疊的山的走向和環繞形成的空間，與水的彎曲、高低、流速、流向等，構成了氣的運動狀態，在山的環繞之間，包含著氣（風）的停留，形成了藏風、聚氣的理論。

「氣」和「形」的關係如何呢?中國古代認爲∶氣是無形的，形體是有實質的。形體是由氣形成的，氣則寄居於形體中∶氣由天降臨大地，而大地的功德，就是接載著下臨的氣。古人選「形」可謂「滴水不漏」，用「形」緊緊攏抱著「氣」。雖說「氣」、「形」相輔相成，但是像這樣全封閉的「氣」、「形」關係在西方並不多見，這正是中華傳統文化的特色。氣屬陽，形是陰，兩者互爲依靠，互相衝激，有衝擊就要勢力平等，無人被克制，才能適得其所，永遠保持福壽康寧。如果陰陽互相克制，禍害休咎就會接踵而來。

星宿帶動天的氣，山川帶動地的氣，萬物依賴天地的氣才能生存。因此天地的氣，因形體而止，留而不去，與萬物合而為一，萬物變化生存皆因有氣可納，因而形氣合一。人死後之魂魄亦因和後天的氣脈有感應而合一，福德亦應之而來，故言，人要和天地之氣混為一體，才可以得到福澤，這就是造化的機緣。

陽氣從風而行，乘勢四散；陰氣從水而行，因受到山的限制而停止。人用五行的形態定萬物的形象，用八卦的興旺斷方位的吉凶，用六十甲子的紀年批命運，以八個方位之氣審查氣數，以六十甲子的虛盈，推定歲運吉凶，用六氣的新陳代謝審查時令，人類依此順應大地五德，循環不息。聖人制禮作樂，定人倫法紀，建立人道。智者知人道因大自然的陰陽變化而來，故卜地葬親，是為了慎終追遠，而後人因大自然而得到福蔭。因此人道以大自然為始為終的宏大道理，就是造化的成功。

◎風水中對「水」的意象

風水理論認為：

吉地不可無水。地理之道，山水而已。

相度風水須觀山形，亦須觀水勢。

未看山時先看水，有山無水休尋地。

風水之法，得水為上。……等等

楊筠松云：「第一金城水，富貴永無休」。曾文山曰：「囊聚之水，深如鍋底，圓如鏡面，方如棋盤，會合九曲來朝，盡善盡美」。曾文迪云：「湖海水聚富敵國，水是山家血脈精」。這可見水之重要性，不亞以於山脈。而講究水的功用利害與其形勢、質量之間的關係，諸多論說，概稱「水法」。首先因為水與生態環境所謂「地氣」、「生氣」息息相關。認為「山之血脈乃為水」，山之骨肉皮毛即石土草木，「氣血調寧而榮衛敷暢，骨肉強壯精神發越」。俗謂：「山管人丁水管材」，蓋以農爲本，水不啻爲農業之命脈，則非迷信喻水爲血脈財氣，最早出自《管子・水地》而爲風水家引伸，其云：「水者，地之血氣，如筋脈之流通也，故曰水具材也」。凡耕漁、飲用、去惡、舟楫之利，以及調節小氣候，莫不仰給於水；現代科技業亦重用水，遇旱時常有與農業搶水用之爭紛。

故風水理論認爲：「水飛走則生氣散，水融注則內氣聚」，「水深處民多富，淺處民多貧，聚處民多稠，散處民多離」。即水質與人疾病夭壽關係，種種事象，不惟風水家言，見載史籍也甚多，不必贅引。

風水家相地重水，原因還在備水害的考慮。不惟水淹之虞，而由水流沖刷、浸蝕、淘切等而引起諸多地質災害，也爲風水家所注重，通過合理選址兼以城防、堤壩及人工河渠而避免之。最典型莫過河曲處的選址，選址於河曲則以水流三面環繞纏護爲吉，稱之「金城環抱」。「金」乃五行之金，取象其圓；這形勢又稱爲「冠帶」等，歷來引爲風水中吉利水形的最佳模式，以至宅前人工河，如中國北京故宮金水河，也取形於此。民宅前半月形風水池，也由此衍生。

水的景觀作用及審美價値，亦爲風水「水法」諸說所重視的原因。在中國古代，自然美很早就被發現並被重視；《詩經》中很多篇章，就表現了中國傳統文化這一顯著特色的淵博。人們崇尙、讚美也欣賞自然之美，寄託著人生理想，即與自然協和與人的精神，而觀照自然山水。在古代文人那裡，這種審美觀照，被發展爲「智者樂水，仁者樂山」，寄情山水的審美理想和藝術哲學。

《山水訓》中諸如「眞山水之川谷，遠望之以取其勢，近看之以取其質」。重要的是，和文人以山水詩、山水畫來抒發其鍾情山水不同，風水家更重於實踐，以其理論觀照山水美加以人工裁成而經營城市宮宅等建築，達到自然美與人文美的雙重結合，賦以中國傳統建築深沈雋永的美學氣質。

又，水可界分空間，形成豐富空間層次及和諧的環境圍合。「水隨山而行，山界水而止，界分其域，止其逾越，聚其氣而施耳」，所謂「金城環抱」即一典型意向。至於山主靜，水主動，山爲陰，水爲陽，山水交會，動靜相濟，陰陽合和，爲「情之所鍾處」，乃以「山際水而勢鐘形固內就，水限山而氣勢聚以旁眞」。故謂

：「山稱水，水稱山，不宜偏勝」，「山水相得如方圓之中規矩，山水相濟如堂室之有門戶」。此外水面鏡像映射，更可豐富空間意象，亦爲風水家所重。

第三節　選址佈局

企業最重要的核心競爭力，包括經營策略、知人用人、創新研發等，但這些均需要核心人物來領導執行，其如同人的大腦細胞經由五官收取資訊，細胞核組織運算決策判斷，再透過神經鏈通知各部位去執行，而這個腦細胞需要一個好的殼來保護，讓它能吸收足夠的營養，發揮最大的領導運作能力，就是如同要有一個最佳的企業總部。

幾千年前的中國人將「卜居選址」視爲頭等大事，人生最重要的是陽宅，陽宅的納氣不吉，會招來禍害。所以，大如建國定都、設府置縣，小如建寨營室，關係著國家的旺衰和生民的安危，不可不愼重。某城市、公司能否發展，都與陽宅風水有密切關係，所以選企業總部與辦公樓爲公司要事之一。

◎選址的重要性

風水理論對陽宅選址、佈局和意象有明確要求，如《陽宅十書》中說：「陽宅來龍原無異，居處須用寬平勢，明堂須當容萬物，……前後有水環抱貴。……倘有卓筆及牙旗，聳在外陽方無忌。更須水口收拾緊，不宜太迫成小器；星辰近案明堂寬，案近明堂非窄勢。」、「凡宅左有流水，謂之青龍；右有長道，謂之白虎；前有空地，謂之朱雀；後有丘陵，謂之玄武。」由此，我們可得宅基模式，後有靠山，前有流水，左右有砂山護衛，此正是陽宅風水的特有空間結構。

又，水在全世界的聚落選址中均佔有重要地位，均無不以得水為上，因水在風水中代表財，得水即能聚財。堪輿師認為，水是氣的標誌。有言曰：「氣乘風則散，界水則止。」水能聚氣，特別是呈環抱狀的水最能聚氣，所以說：「凡京都府縣，其基闊大。其基既闊，宜以河水辨之。河水之彎曲乃龍氣之聚會也，若隱隱與河水之明堂朝水秀峰相對者，大吉之宅也。」中國傳統的城市遷址絕大多數都以河流的彎曲會合之處爲首選。

《風水探源》一書中，談到城市選址時說：「風水在對城市進行選址事項有：基於四周的山川、地理形勢的審視，對地質情況的探測，水文等歷史資料的彙集。地形各要素之間的關係亦受『陰陽』之支配；欲知都會之形勢……必先考大輿之脈絡。」朱子曰：「兩山之中必有一水，兩水之中必有一山，水分左右，脈由中行，郡邑市鎮之水旁拱側出似反跳，省會京都之水橫來直去如曲尺，……山屬陰、水屬陽……故都會形勢，必半陰半陽，大者統體一太極，其小者亦必各具一太極也。」所不同的是城市選址時地與「量」有關，「氣」要大，「龍」要旺，「脈」要遠，「穴」要橫闊。也就是說「環境容量」要大。其選址規則如下：「凡京都府縣，其基闊大，其基既闊，宜以河水辨之，河水之彎曲乃龍氣之聚會也，若隱隱與河水之明堂朝水秀峰相對者，大吉之宅也。」可見對城市而言，選址時水比山顯得更重要，就目前全世界大城市分佈的規律看，的確多沿江、河或近海分佈。實際上，充足的供水是城市選址最重要的必備條件之一，任何城市都很難沒有水源而能生存下去。

◎慎選周圍環境

一個企業總部、辦公樓宇或居家、工廠所在之環境爲外氣之一部分，先就整體外在環境而言（先不考慮方位），應如何選擇合適的據點呢？

易經有言：「在天成象，在地成形。」一個地區之氣所以形成的原因，是因爲先有天象之照應或感應，而後形成了各種形形色色，變化無窮的山川、地形，及各種不同之風土、人情、人文之素質、生活習性等。如同中國大陸南方多出文人秀才、北方出武將爲多。

天象佈置九星—即貪狼星、巨門星、祿存星、文曲星、廉貞星、武曲星、破軍星、左輔星及右弼星。所以，以一地區而言貪狼星及廉貞星所屬之地域即有屬於桃花之風化、色情行業匯聚之現象，如台北市之理容街爲長春路或萬華之風化區等。文曲星所照應之宮位，感應著讀書、文化、教育等，如學校、書店街之重慶南路、博物館、圖書館、補習班街。武曲星爲財星，其所照臨之處，會有商業匯集之現象，像金融中心，或百貨公司商店林立的忠孝東路、股票大樓、辦公區、財政部、銀行、銀樓等皆是屬於武曲星照射之場所。其他如小吃街、夜市等，是屬貪狼星的範圍。破軍星即是軍隊駐防、警察局、監獄、收容所、法院等皆是。

所以，如果是要選擇住家，就應把外在「氣氛」之狀況先做一瞭解。住家爲人們休息養氣之所，宜安祥平和之氣，故應選擇政府機關或文教機關、學校附近或純住宅區最爲適當。因爲上述地區之氣氛單純、安靜，如政府機關幾乎都沒有太大的變化與喧嘩變動之氣氛；公園、學校及美術館、文物館亦然，其所散發出來的氣，自然會影響到住家的安寧與祥和。住宅區最忌在熱鬧喧雜的夜市或商業區，或鄰近色情場所或高架路、鐵路旁，噪音不斷的地方，這種高亢不安及貪婪之氣氛，會對人的腦波產生激情而後亢奮之狀態，長期居住自然會受其無形之影響而易怒易躁，缺乏耐心，尤其是噪音，更容易造成嚴重的腦神經衰弱。

從前孟母三遷就是一個了不起的實例，所謂的「潛移默化」，居住環境所造成的影響最大，這就是爲什麼學音樂要追求更高的境界就要到維也納，學藝術的人要

到義大利或法國，其道理是一樣的。同樣是一個出生在台灣孩子，將他送到美國去唸書，經過幾年後，這個孩子的「氣質」自然有美國人的樣子；反之，將他送到日本唸書，或送到北京去唸書，自然也有不同的氣質。就台灣本土而言，不是也會覺得南部人與北部人或東部人都各有不同的氣質嗎？這就是生活環境之風（空氣及大環境的氣氛）與水（水質）長時間所造成的現象，也就是居住環境所形成的作用。

那麼，一個企業的辦公室應如何就大環境做適當的選擇呢？假若公司經營的是跨國性或全國性的大企業，或屬於半官方性質的企業，就應在中央政府所在地，接近政府機關或高級商業區、金融區，建立企業總部，這是基於「物以類聚」的物理原則。首都、中央政府代表權威及安全性、領袖性，而金融區及高級辦公區，其硬體和軟體科技設備較完整領先，有利於接收各種新資訊、瞭解新市場動態及新的動脈以取得工商發展有力的先機，像建築師、會計師及律師等事務所；屬於較權威而嚴肅的顧問公司應與財政部、法院、經濟部或高級之中央機關爲鄰較佳。其他的一般公司行號，也應選擇與自己本身營業性質相近的環境來做據點，那是最佳的，反之，如與當地環境氣氛相剋就不吉利了。

◎背有靠山，前有明堂

中國人認爲：好的風水大地，一定是山環水抱的地方，所謂「山環水抱必有氣，必有大發者。」才能形成都會大邑，聚成人文薈萃之所。所以在講風水時，希望房屋要能背山面水，後面有山可靠，人丁才會旺，而前面有水，財才會聚。

現代都會建築，鱗次櫛比，可以互爲靠山，選擇辦公室時，也須注意屋後是否有較高建築物，可以充作靠山，可以發揮公司的穩定作用，當然後面有靠山時，必須選擇房屋是向著當運的旺氣，這樣不但公司可以穩定，而且業務一定蒸蒸日上，財源滾滾。

如果房屋前面有建築物高聳，形成開門見山的格局，容易形成前程阻滯，事業發展遇到挫折或瓶頸。除非可以形成旺氣迴風的現象，也會有企業營運很好的例子，但是這種情況，通常機會不太多。

所以選擇作爲辦公室的房屋，最好是後面有高的建築物作靠山，而前面空曠爲明堂，如此視野寬廣，市場遠大。而左右建築最好能對稱平衡，形成左右護衛的格局，公司內員工情緒穩定，溝通互動良好，圓融祥和，彼此團結合作，有利事業發展。

談到靠山，不僅房屋要有靠山，就是辦公室裡的座位後面，也講究靠山，也就是座位後面最好有一個固定堅實不透光的牆壁作爲靠山，讓人坐在位子時心裡感覺安全穩定，在這種情況下辦公處事，比較有信心與專心，對事業發展會有正面積極的作用。相反地，如果座位後面沒有靠山，一般稱之爲「坐空」，坐久了缺乏安全感和自信心，處事便容易猶疑不決，久而久之產生挫折感，當然對事業發展有不良的影響。如果有這種現象，最好能設法補救，如加個固定屏風，或改換座位。

另外座位光線的來源也要注意，最好光源是在前面或左右前方約四十五度照射過來，這樣光線充足，精神容易集中，尤其是領導人，較有威嚴。忌諱光線在座位的後方或頭頂上，無論生理或心理都不舒服，因爲在書寫或閱讀時，在桌面形成一道陰影，不但妨礙效率，日積月累後，潛意識裡陰影會影響人的決策力，而變成猶疑不決的性格。

至於燈具形狀最好是方形、圓形，如果是長形，如用管條狀的日光燈，須與座位橫向平行排列，不要形成縱向直角相對，有如利箭直射，造成無限壓力，會影響情緒安定和工作效率。

當然，座位後面也忌諱是窗戶或透光的牆面，尤其座位背面，如果是窗戶或有空隙，而使風從背後吹來，長期下來，背部容易遭受風寒而罹患酸痛之疾，一定要設法加以改善才好。

從風水上看，房屋「靠山」很重要，從現實社會而言，現在「靠山」的另一個意義，變成人事背景，或許眞的要有「靠山」，人生才會飛黃騰達呢！

◎彎曲內弓有財氣

在風水學上說：「山管人丁，水管財」，「山主貴，水主富」，也就是水與錢

財最有關係，水的性質流動，就像錢財一樣，潮來潮去，不斷的在流動，只要有能力、有福氣、經營得法，每個人都能嶄獲。也就是這樣，誰都有希望創造財富，世界才會這麼熱鬧繁華。經營做生意，最好選在人潮聚集的地方，有人潮才有錢潮，才能旺財獲利。

看看世界各地，繁榮富庶的都會，均是聚集財富最多的地方，多爲臨海灣或大江大河匯合處，可知道「水」即是財的道理。因此，經營事業選擇辦公商業樓宇時，對「水」必須非常重視，就實質來說：河川、湖泊是水，車水馬龍的道路也是水，尤其都市房舍都是臨街而建，車子的流動方向等於河水流向，關係著房地產的生旺衰洩，也影響財運。

因爲風水會輪流轉，依照時間運轉，影響空間的生旺衰敗。所以，房屋的衰旺辨別，必須瞭解三元氣運的變換道理，如果當運旺水到位，自然能匯聚旺氣，生意興隆，發財致富，尤其水性流動，感應最爲快速。

由於地球環繞太陽運行又自轉的關係，一般河流的右岸都是先發展，也較富庶繁榮，所以就流水和馬路車行的方向來看，右邊房屋商家生意會較興旺，很多都會城市馬路爲單行道時尤其明顯，讀者不妨觀察一下，以作爲選擇房地產樓宇時的參考。

在風水學上主張：河川、馬路要「屈曲才有情意」，如果是「直來直往會損人才」，也就是說彎曲的河道，水流緩慢，能聚旺氣，留住錢財，才有情意，否則直來直往，錢財流失散去，當然無情無意了。其實屈曲是宇宙事物的規律現象，也是一種美的形象，也有實際的功能，就像建造馬路，必須有彎曲弧度，不但較美觀也較安全，因爲太直的馬路（尤其高速路）駕車容易有危險，與人相處亦然，如太過直來直往的人，容易得罪人，當然會損人丁，做人也需要學習體會「屈曲有情意」的深意。

但是臨彎曲河川馬路的房屋，一定要選擇在彎環內側者爲佳，也就是彎曲的馬路、河川護衛著人，俗稱「內弓水」或「玉帶水」，這種房子可以聚氣旺人潮，招財致富。相反地，如果形成反弓，即房屋在彎環外側，「氣」背離散去，這種房屋不論是店面或公司行號，都很難經營，古人認爲這種房屋住久了會導致「人丁寥落走他鄉」，依經驗觀察，這種店面，生意難做，經常換新老闆。這種現象，可以考慮利用植栽等方法來加以補救，有些情況能夠改善，不過一定須合乎三元氣運的水法。

第三章　台灣經濟發展之鑰在於地理

菲律賓板塊和歐亞大陸板塊長期的撞擊擠壓，台灣這個海島大約在二百萬年前基本上就成爲現在的模樣了，但現在不是要講地質學上台灣的誕生。據今考古學所知，台灣有舊石器時代古文化，新石器時代文化至少起於六、七千年前，現在也不是要講考古學上台灣的誕生。

台灣經過漫長的六千年的原始社會，是南島語族原住民的家鄉，到西元一六〇〇年以後，也就是十七世紀，突然產生急遽的、本質的改變。所謂本質的改變是「台灣」這個概念超出原住民，含有更多別的成分，甚至反客爲主，成爲今日我們印象中的「台灣」。這才是我們所要講的台灣的誕生。

十七世紀的多次遽變，首先是在一六二四年因爲荷蘭人的入侵，原始社會的台灣被拉入世界體系。第二次大改變是三十八年後，鄭成功驅逐荷蘭人，台灣成爲閩

南人統治的海上獨立國家。最後在一六八三年，滿清征服明鄭，台灣遂被納入有四千餘年的帝國體制，成爲中國的邊陲，直到一八九五年割給日本做殖民地。

如此短暫的時間中發生這麼多巨變，世界歷史上恐怕是少見的吧！台灣歷史不始於歷史時期的中國移民，但十七世紀這一百年卻是最重要的開端，其關鍵性地位只有二十世紀的變化才能相比。

第一節　台灣地理風水

台灣似一生龍，遨遊於婆娑的太平洋上。據傳上古時代曾三度沉入海底，又浮出海面。島上的中央山脈爲龍脊，其餘的峰巒崗阜，若龍鱗起伏，靈槎入天河，氣沖霄漢，四季如春，瑤草琪花，地靈氤氳，古稱蓬萊、瀛洲、大員，眞如仙境。

四百年來，由先後來台的先民，開墾經營，台灣已由溪毛沼沚、榛莽荊棘的洪荒之地，變爲文明昌盛、經濟富裕的樂土，一躍而爲亞洲四小龍之一，舉世矚目。在短暫的歷史中而有如此的發展，其原因何在？茲有人傑在經營之，而人傑者，是因有地靈以生之養之也。

有人說：台灣是中國南龍的餘氣，彈丸之地，不會蔭生偉人，不會有成材之地……這是不明海底山脈者的膚淺之言，也是拘執地大物博者的輕狂論調，皆昧於假象，無足以取。從地殼的海洋底對流而言，台灣與日本是自東南向西北推進的，氣應天門地戶，故自荷蘭人啓之，鄭氏父子繼之經營，始於大三元運的六運，盛於小三元運的六運，一入旺運，氣象恢宏，社會繁榮，國勢富強，地靈之力是不可思議的。

◎由科學地理層面觀台灣地理

從科學眼光來看，地質及固體地球物理學的研究目的，主要在瞭解地球的組成，其內部的動力及其在地質年代中的變化。近代的地球科學研究，則注重綜合性的瞭解。地質科學的特性是：它不像其他的「實驗科學」，無法在實驗室裡重演地球歷史，雖然地質結論不能違反物理及化學原則，但仍不能避免一個解釋的不單一性

（non-uniqueness）；用多方面資料來研究同一問題，則可減少不單一性的問題。

總括來說，地質學各課題利用近地表的岩石來推斷地球的組成與地質歷史──它包含時間的信息，但缺少深度的信息。地球物理則利用物理場（重力、磁及電等）、擴散作用（熱流）及波動（地震波及電磁波），來研究地球內部──它涵蓋了空間的三維，可能缺少時間這一維，二者互補，不可或缺。

台灣可以說是世界上少有的研究重要地質科學問題的樂園之一。爲什麼呢？不過一百多公里寬的台灣島，最高的山脈竟逼近四千公尺。環太平洋的許多島嶼上，極少有這樣高的山。日本的富士山較高，但它是火山，由噴發造成，其他的水成岩山脈都在二千公尺以下；而台灣的中央山脈是由幾千萬年前形成的水成岩組成，然後經過擠壓造成。

只是四、五百萬年前，現在台灣所在地，在地形上是亞洲大陸棚的一部分，從大陸東南部河流沖下來的泥砂不斷沈積，岩盤不斷下沈，其時在台灣東海外有一串像今日巴丹群島似的火山列島，這些列島座落在菲律賓海板塊上。菲律賓海板塊的西緣，包括琉球及菲律島弧所在地，都是板塊向西隱沒的地帶，唯有在台灣到呂宋這段，板塊向東隱沒。也就是說，與歐亞大陸連續的海洋地殼，在這裡向東插入地函。因此在台灣到呂宋之間，這個島弧不斷向大陸邊緣推進，而終於與它接觸。

由於大陸棚的基磐是屬於大陸性地殼及上部地函，它的密度較海洋板塊小，無法隱沒於海洋板塊之下，但是菲律賓海洋板塊在這地區仍繼續向西推進，於是在台灣附近的大陸棚與菲律賓海板塊的接觸，形成了碰撞，大陸邊緣開始褶皺。在這近五百萬年來內，原來在海平面的沈積物，被擠壓、抬升，成爲今日的中央山脈，而原來的島弧也爬上了陸地，變成今日的海岸山脈。激烈的擠壓，也將深部地殼的變質岩抬升出地面，形成中央山脈東側的變質帶。

然而，台灣的造山運動與喜馬拉雅山的造山運動是不同的。研究板塊碰撞與研究板塊運動，在原理上有差別。後者主要是一個 kinematics（敘述運動的方向與速率）；而前者是一 dynamics（動力學）問題。研究造山運動時，我們要知道力的來源和分佈以及物質的力學性質，才能知道地殼的反應。那麼台灣爲什麼是研究地質

問題的樂園之一呢？因爲台灣造山運動非常年輕，許多四、五百萬年前發生的地質事件，仍遺留下了痕跡。而目前這個運動還是非常劇烈，我們可看到造山運動發生時的物理條件（溫度、壓力）及地殼與上部地函的反應。

台灣是一個具有地槽和島弧雙重背景的島嶼，這是所有地質學者都知道的。因而，在構造上台灣屬於一個活動帶(mobile belt)，也就是造山運動最活躍的地區，並且是亞洲大陸中地殼最活躍的地區。這可以從目前台灣不斷發生幅度大小不等的地震以及伴之而造成的的活斷層得到證明。不過台灣的地槽和島弧有它本身的特點，並不和同位於太平洋西岸的其他島弧活動帶完全相同。從台灣的地層和構造的研究，可以證明這一區域從最早的地質時代開始到現在，一直是一個地槽的地質環境。不過歷經不同的地質時代，台灣地槽數經改造，一再刷新，乃有極爲複雜的發育史。

台灣本島主要的地層都呈長而狹的帶狀分布，大致與台灣的長軸平行，所有的地層的時代從中央的樑脊山脈開始，向西部麓山地帶逐漸變新。在本島上出露的岩層都呈一個引長的弧形，弧頂指向西方或指向亞洲大陸。台灣弧的北翼較短，呈東北東的走向；它的南翼是主要的一翼，走向為南北。台灣本島的所有主要構造線，包括地層的走向以及主要的斷層線和折軸等，都和全島這個基本的弧形構造大略一致。

◎由傳統風水觀台灣地理

太平洋之西緣有一連串的島嶼，如美麗的花綵，懸掛於亞洲大陸的邊緣，稱為花綵列島，此等島嶼由北而南有：阿留申群島、千島群島、東北日本群島、西南日本群島、琉球群島、台灣島、呂宋群島等，再由呂宋島再分派幾條島弧，向南延伸至婆羅洲、印尼群島、新幾內亞等組成的弧列（如第3-1圖）。此等群島均向太平洋凸出，暗示形成此等島弧列的原動力係由大陸向太平洋方向推動而來。

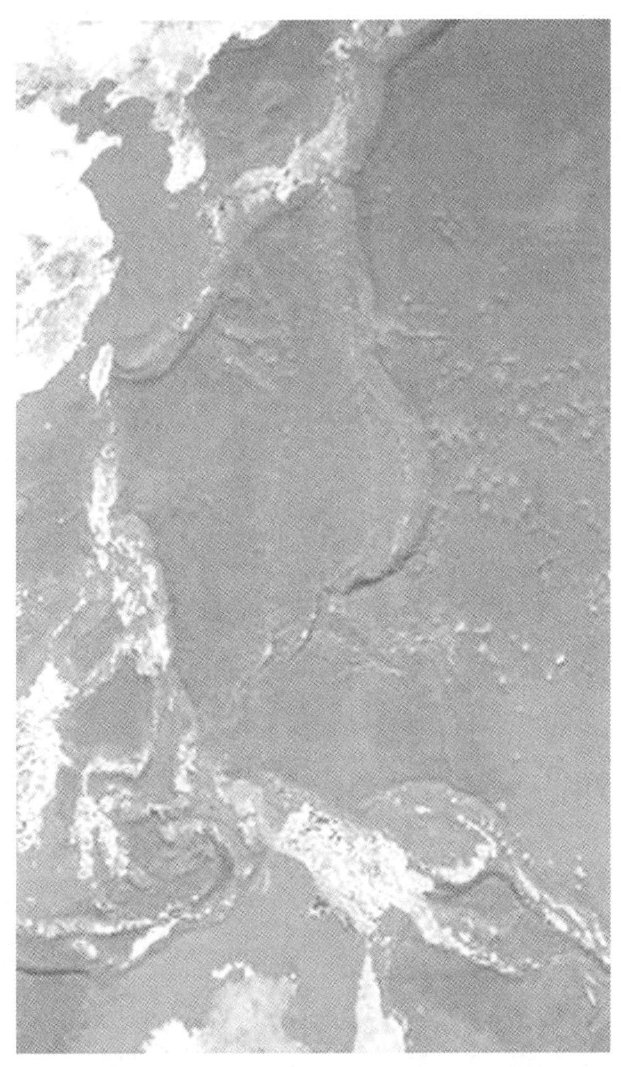

第 3-1 遠東花綵列島中台灣弧之位置

兩個島弧的會合點，則依照各島弧的形成年代與其構造形式，而影響其形狀和地質結構。如阿留申群島弧列與千島群島弧列之會合點為堪察卡半島，兩島弧列呈連鎖形會合。千島弧列與東北日本弧列之會合為庫頁島，兩弧列亦呈連鎖狀會合。東北日本弧列與西南日本弧列之會合點則有顯著的大地溝（Fossa magna）。西南日本孤列與琉球弧列之會合有朝鮮半島和九州島，亦呈連鎖形會合。琉球群島弧列與呂宋群島弧列之會合點卻成為紡錘形而向大陸側凸出之台灣島弧。

最近顏滄波氏由地形學上之特性、地質學上之特性，以及地球化學上和地球物理學上之特性討論台灣島弧，認為台灣由琉球和台灣、呂宋弧列之會合而成，其會合點在台灣北部。因此，台灣具有琉球及台灣、呂宋弧之雙重特質。

在明朝初葉，海權發達之後，已知台島重要性，但緣於長久陸權的思維及大陸本身的遼闊，仍未及開墾建設台灣島。後台灣歷經荷蘭人、西班牙人、鄭成功及光緒年間之先民，及劉銘傳、沈葆楨等人，雖先後建設台島，篳路藍縷，開物成務，但奈何皆為軍旅之人，文采不足，實難以地理風水之優勢建設家邦。故至清末，台島十六縣之「府、州、郡、衙」，以風水嚴格論之，可歎皆為「望空打卦」，憑空築造，毫無任何山水理論基礎可言。由此可知，數百年來中國帝王家之大內國師並

未涉足本島，以是大好「富王天下」之地遭「拋荒」至三元之六運，即七〇年代，因「天、地、人」三才之時空再度交會，其產生的經濟實力爲世人所驚嘆。

中國南系之南嶺龍脈，經仙霞嶺經武夷山，而邵武、永安、漳平、龍溪，渡海峽至廈門、金門、澎湖，再渡海而東，朋山共水而來，至玉山起頂；龍樓寶殿，氣勢宏偉，爲台灣島的宗祖山。玉山高三千九百五十二公尺，秀起太平洋起，睥睨東亞，五星聚講，乃王者之尊，所以能「撐起東南半壁天」，受舉世之矚目。

中央山脈綿亙南北之境，其龍東趨者至花蓮、台東；南行者至高雄、屏東，西奔者至雲林、嘉義、台南，西北行者至南投、彰化、台中。而日月潭適居全島中央，碧水青山，風景天然，又爲養蔭龍池，氣盛之徵，具天成兼人爲之功，成功造化之妙。玉山北行之脈，蜿蜒合歡山、奇萊山之間，由此西趨者至苗栗、新竹。東北行者至宜蘭。北奔由太平山再起祖分出四脈，南脈入桃園、經台北縣之林口、五股、泰山、新莊、三重等；中左一脈亦入北縣、板橋；中右一脈者經烏來、屈尺、新店至台北市爲盡結；右脈經瑞芳、基隆、八堵過峽，至七星山復起少祖，亦龍樓寶殿，山勢雄厚，高聳雲霄，爲台北第一高峰，氣概僅次玉山。台北市之龍，爲新店溪與基隆河夾送，至台北市爲盡結，形成「紫微垣局」，擁從重疊，諸山羅列如城垣，左右河水繞抱，且深澄平緩，迨二水交流出口處，則兩山緊閉如葫蘆喉，成獅象捍門，內寬外聚，使水得以久注而漸出。水口間截流之山，得觀音山高聳雲霄，外氣愈固。如此山水大聚，眞羅城水口之至貴。山川秀麗壯美，人文鼎盛，乃發爲至貴之地，有王者之氣象。

◎鯤的傳奇

據說：南宋時候，先哲朱熹先生在福州鼓山海邊看見大陸的山脈，千里逶迤而來，其宛轉曲折起伏頓跌之姿態像龍一般，到了海邊忽然不見，好像是氣脈已鑽進海中，當時他曾預言說：「龍渡滄海，五百年後，海外當有百萬人之郡。」

中國南嶺系山脈沿閩江向東延伸，經武夷山，渡台灣海峽至廈門、金門、澎湖、台灣等地。形成了一條大鯤魚—台灣，旁邊的小島嶼好像跟隨大鯤魚出海遊玩的小

鯤魚一般，這是台灣古名「鯤島」的由來。

龍渡滄海而東—帶著中華五千年的文化、風俗民情來到古時如蠻陌地方的荒島上。於是，許多故事，便自三百多年前在台灣演出，以迄於今。

台北市龍山寺，柱上有對聯曰：

龍渡滄海而東，五百年來成桑土

山環瀛洲之北，大千世界闢沙門

此聯即引用朱熹所預言之著。

龍脈與人文息息相關，漢人從大陸移民來台的路徑，可以看出龍脈的走向。

台灣島的大形狀，在「龍格」是屬於輔弼星的魚形，尤似鯤魚（鯨）在海中嬉遊，這種「遊鯤出海」形的龍格，在中國古代地書上沒有記載，因此台灣島在群龍中是一個異數。

由高空觀看整個台灣的風水地勢，台灣本島像一尾鯤魚的形狀，基隆如鯤魚首，淡水、八里像魚嘴，關渡獅子頭像魚喉，台北盆地像鯤魚眼，屏東之鵝鑾鼻、貓鼻頭如魚尾，中央山脈如鯤之脊柱，東部像魚背，西南平原如鯤腹，高雄像魚臍，澎湖群島、蘭嶼、綠島、龜山島、小琉球等小島則如小魚，隨大鯤魚出洋嬉遊一般。

全島為一真龍活穴，四周環海。來水便是去水，去水便是來水。天柱山由玉山發脈層層下降，統御全島之山脈。而大陸之天柱山為崑崙山，正好在台北盆地「魚眼」的正西北方，因而形成「顧祖迴龍，子投母懷」之形局。

第二節　競爭城市的風水與氣數

商場如戰場，風雲變化萬千，孫子兵法曰：「知己知彼，百戰不殆。」掌握其中的蛛絲馬跡，自然能得到天機。

本書為與台灣直接競爭城市的風水和氣數做堪察研究，以達知己知彼之一面，增強投資台灣、立足台灣的信心。

◎經不起吸星大法的香港

香港過去號稱「海上的明珠」，是山水大會的焦點，是水龍極盛的港灣。只一百年左右時間，因時空條件加上人的進駐，天地人三才並會成一級國際都市。但近來本區移山塡海造陸，加上其來龍祖山自大陸一直破壞厲害、炸山取石，從未中斷，山水佈局有極大變化，造成各形各色不同好壞影響，香港水神重，故有商業的世界級地位，卻無政治文化宗教的地位！

其實很早以前，英國和中國便開始了主導權的爭論。事情的開端是香港上海銀行於一九八六年，斥資五十億美元，興建一座鋼骨外露的巨大超高層大樓。這棟大樓緊鄰藝術風結構的中國銀行舊館西側；從中國銀行的位置看，彷彿是西邊突然聳立了一座大山，把自己的頭壓住了。旁邊建了一棟如此高的建築，低層大樓的發展自然遭到阻礙，以風水的用語來說，這種形式稱爲「逼囟」。而且，香港上海銀行藉助於當地風水師的智慧，把大樓建在全香港島地理位置最優越的地方。

在這情況下，有人向當時中國最高執政者建議。如此，則回歸後的香港，金融仍將會由英國執其牛耳；不僅如此，就連中國銀行的經營也會變得岌岌可危。因而，中國銀行為了對抗這種情勢，便在舊館東邊興建一座形狀突出的超高層大樓。其外觀皆貼上玻璃，高達七十層的中國銀行大樓自誇為香港第一高，其高度幾乎超越上海銀行一倍，反過來給對方施加決定性的逼凶作用。這種氣勢逼人尖銳的三角形樣式，怎麼看都不像穩當的造型，在建築界還算首見。

像中國銀行這種外形的建築，風水上稱為「尖角衝射」，會對周圍散布有形的殺氣（刑殺），很受忌諱。因「尖刀般的造型」，屬於會帶來衝擊的外觀（屋頂上的兩根避雷針酷似刺刀、叉子一般）；全面玻璃外牆，太陽光直接反射到周圍的建築物上。

據實際時間與數據，該中國銀行大樓完成後，港府與北京的談判則節節退敗，經濟亦開始滑落。回歸後，再加上中港往來便捷，進而加速磁吸效應，已是讓香港繁榮五十年的功能逐漸消失了。自一九九七年回歸中國大陸後已成為大陸的邊陲。經常看到許多評論，認為香港在一九九七回歸中國之後，開始盛極而衰，就是大陸磁吸效應惹的禍；也有媒體報導，SARS之前，香港居民流行假日到深圳，只用不到

一半的香港物價水準，就能從頭到腳，打點全部行頭，衣食住行育樂的需求，通通可以在深圳獲得滿足，因此讓香港的零售服務業加速萎縮，失業率大增，各種資產價值不斷破底。香港在主權移交中國之前，失業率是2.2%，回歸六年後，因爲中國因素的衝擊，失業率升高到八點多，勞工的平均薪資也大幅滑落。

但是香港畢竟還是一個樣板，樣板一路走下坡，也不是中國當局所樂見的，因此中國當局開始爲香港經濟大力灌頂，譬如直接將口袋滿滿的大陸觀光客送到香港，是最快、也是嘉惠香港最直接的方式。這些政策利多，其實都是中國當局趕緊幫香港打的預防針，因爲接著香港還有更大的衝擊要登場。目前香港在上海的威脅之下，還能維繫一定的局面，主要是因爲兩岸還無法直航，人員、貨物都還要取道香港過過水。

中國當局不斷對香港大放送利多，就很清楚明白告訴世人，香港的地位與繁華不在了。從長期趨勢來看，香港將會繼續沒落。觀察香港變化，有助於台灣經濟發展的正確評估。這也是國際投資者最看好台灣的地方，願意先到台灣投資設點，因爲兩岸有條件的直航才能讓台灣被國際看好的優勢完全發揮出來，這也是爲什麼股市會將直航看成台股的大利多。

◎風生水起話上海

從整個上海之形勢來看，上海市位於長江之江口旁的黃埔江西岸，而重點發展的「浦東」地區正位於黃埔江東岸的一片以農田爲主的堆積平原上。此地土壤約於八百年前的南宋時代形成，上海是由二〇〇〇年間大量土沙向東海吐出的結果，爲海岸線長一百八十公里的扇形沖積地。

以巒頭論之，上海市位於長江三角洲地帶之堆積平原上，整個地區都沒有山丘，依一般「傳統」風水上之山勢龍脈來論，在堪輿學上此等地區稱爲「平洋龍」。在「平洋龍」上往往以兩水相會及相交之三叉點爲氣口。

上海舊區有蘇州河在北橫過，黃埔江由西南偏南經市之西面而在東北虹口區與蘇州河交匯後向東北面流入長江。因此整個陸地龍脈由西南「坤」脈而來，由於黃

埔江在市之東面橫過，所以市區也帶西面「兌」脈。

從歷史長河及堪輿理氣來看，舊市區會旺於大三元之「二」運及「七」運而衰敗於八運。從近代史看，上元二運是一八八四年至一九〇三年，也是上海興旺之時；一直受惠於肥沃的土地及風水而繁榮，但因長江水質污染，風水生氣漸呈衰退現象。因此，至下元七運（一九八四年至二〇〇三年），上海也在一九八四年後由三至六運衰弱之期後開始有了轉變呈快速發展，但八運一臨（二〇〇四年）上海則會再走上衰洩之路，從現在情況來看，上海舊市之都會地位在八運後，將被附近地區所取代而漸漸衰落。

至於看浦東之地理，首先便要明白某大城大地之氣脈立穴，一定有天然之護砂在外圍環護及包圍。上海市則以東面有大海，中有崇明島、長興島、橫沙島等爲護砂，以浦東爲其「前案」，包圍保護「龍穴」，因此浦東與上海相對關係，浦東是上海之護從，是不能取代上海的地位的。

因此浦東之發展只利於工業上之發展，而住始終非能興旺之地，而且由於此地區爲低窪堆積之濕土，風水上屬濕淫之地，土鬆氣弱，在此地區做投資之風險較大，炒地皮或有可爲，但眞正建設則較麻煩，風險較大。

在整個浦東的發展也各有不同，由於整個地區東面爲大海、西面之黃浦江及上海之高樓可作爲遠靠山，北面爲長江與黃埔之交匯，是旺下元七、九運之地，二〇〇四年起之二十年卻爲兩旺氣中之衰運時期，埔東之南則爲錢塘江口之左。錢塘江喇叭口入海，依地理水口法無法聚財。

又吉凶決定於是否面對汪洋大水；一般人以爲面對大水，一定是吉局，因爲水爲財，但事實亦必如此。如果面對大洋水而毫無遮擋，在堪輿學上稱爲「蕩兆」，因爲水大無收，一旦凶星論轉其向或坐，則會由發轉敗，成爲一種橫破之局。

總結而言，浦東之發展只可以作爲上海工業之輔翼，商業金融始終以上海爲宜，但由於上海八運氣弱，故此後二十年整個地區之氣運較弱。如現在有意投資上海，應謹愼爲之。

◎南韓首府—漢城風水

漢城位於朝鮮半島中部，靠近黃海，四面環山，呈金盆形，乃天然聚氣之地，南山繞城而行，到頭舉頂，作迴龍顧祖之勢。主出忠臣孝子。自十四世紀末朝鮮王朝始祖李成桂建都於此，逐漸成爲政治、文化、商業的中心。漢江是韓國大江，流經漢城之南，注入海中，全長約三百四十公里，有一半水域水清見底。古云：「水浅民多貧」，漢城近郊民間並不富庶，實乃驗證。另漢城四周多濯濯之童山，秀氣不聚，是以韓國民性驃悍聞名。

環顧整個朝鮮半島的風水，龍脈亦發自中國崑崙山，爲中國北幹支龍的盡結，北龍經中國東北的長白山，再另起太祖山，山巔且生巨大天池，呈祥獻瑞有王者氣象，於此一脈直奔漢城而去，其間復頓起數座祖山皆極雄偉，巍峨尊嚴，龍入漢城範圍，又頓起一山，全是火星，峰峰刺天。

龍行數里，又起一山，是爲三角山，亦是巉嚴石山，煞氣炎炎，懾人心弦，迨將結穴，又起一山，是爲北山，即漢城之少祖山，此山尖秀端莊，雄偉尊嚴，但仍爲石山，故煞氣未曾化淨。於此氣脈降下，而結漢城龍穴，於白虎方又打出一脈，經火車站沖起南山，鎭鎖堂氣，漢江由左趨右，繞南山而出，局扃垣寬，亦爲王者之地，以之建都，必成富強；但來龍石脈，煞氣過重，且其總統府，又卦位兩宮交界，必常發生重大災禍。

第三節　投資台灣．笑傲全球

天運地運，對於地球上人的人運、幸福、吉凶禍福、事業的興衰……等，以及國家的隆替，社會繁榮和衰落，都有莫大關係。不管你瞭解堪輿也好，不懂堪輿也罷，只要留心長期的靜觀，自必有所得。

人類是地球最後進化成的生物，這話眞正的意義是人類也是土地能量的一部分，我們的生活資源也是大地提供的；土地是我們共同的母親，是眞正的事實，故影響居住其上的人健康與思維甚鉅。

而台灣位於花彩列島的正中央，因此擁有一般土地所沒有的強大能量，這股能量必會孕藏在這塊土地的很多人事物上面，特別是人—最高能量生物，其所作所爲，將是本土能量最大力量根源；探討這股無限的魅力，在分析爲何「投資台灣」這件工作上，將是很有意義的事。

又因台北地理位置，在下元的六七八九運正逢旺運，加上人民的勤奮，讓全世界的人刮目相看，創造經濟奇蹟；顯示台灣已由勞力、資本密集工業邁向資訊知識的社會，也應驗了一句諺語：「台灣錢淹腳目」。由資源短缺的小島，進入高度開發國家，成爲世界的經濟強國。

◎台灣在全球場之佈局與地位

台灣是一個很特別的地方，葡萄牙航海家給此地取名 Formosa，表達出敬仰其自然雄雅美麗的意味。此島雖小，只有三萬六千多平方公里，卻有東亞第一高峰的玉山。地形景觀集世界之最，因爲台灣在五百萬年前，先有南中國海版塊插入菲律賓海版塊，再由菲律賓海版塊每年約七公分往西北擠到歐亞大陸版塊，擠出台灣主要山脈，向北又在龜山島至琉球群島南方插入歐亞大陸版塊，地球板塊交會的地區，當然地震也頻頻，此不也同時指出台灣是活生生的還在架構中（中央山脈每年上升約一公分）。因爲若從全球的角度觀察，台灣是地球大龍穴的正案山；相對於主穴崑崙山來說，是遠大明堂太平洋的內屛衛護，隔台灣海峽的大華南地區，一片半圓弧爲中堂。

亞洲東岸的花綵列島，北由伊留申群島、日本列島、琉球群島，入台灣，是左龍砂展開後回顧原穴之護手砂；而南從馬來半島出新加坡，經婆羅洲，再經菲律賓群島、蘭嶼、綠島，進海岸山脈是右虎砂回顧本穴的護手砂。台灣像一位被中國的崑崙本穴母親抱著的小嬰兒。從另一方面來說，台灣也可稱爲地球本穴之雙手所捧抱的龍珠；此龍珠又爲地球本穴大青龍砂手在環繞半個地球後，迴護本穴放出餘氣衝出的獨立穴，此氣脈爲從宜蘭龜山島潛伏進入台灣本島。

由此觀之，能來到台灣，生於台灣的人皆頗有福報，切勿妄自菲薄，應對此地

懷有關愛之心，尤其是對台灣自然環境的保護，更應該盡力；以往山區的林木濫墾濫伐，不當的炸山挖隧道，實會切割脈氣，其爲非凡夫俗子所見的地靈之氣。地靈一散，土質就失去凝聚之力（未來會經科學證明），造成現在土石流橫行滿地；這次九二一地震，若能喚醒我們對大地的尊重，亡羊補牢，尚不爲晚。

若依戰略因素，台灣位居西太平洋花綵列島的中央位置，控制台灣海峽與巴士海峽兩海上交通要道，亦是東海與南海的分界點。爲冷戰時期美國圍堵中蘇共黨陸權勢力進入海洋的西太平洋孤島防線之中心環節，戰略地位重要。雖然世局已進入後冷戰時期，然而隨著太平洋世紀的到來，以及中共海權發展，台灣的地緣戰略價值，不會因蘇聯瓦解冷戰結束而降低，反而更突顯其重要性。台灣控制兩條戰略水道，爲日韓對外交通之生命線，且爲美國西太平洋孤島防線，防堵亞洲陸地強權勢力進入海洋，挑戰美國在太平洋的海上霸權地位之必要環節。基於此因，台灣的戰略優勢地位，非任一泛太平洋國家所能取代的。

中國大陸在未來的發展中將強調海洋利益，而台灣位於中共進入東太平洋的要衡；雖然，今後中共對台灣的文攻武嚇將日益加重，而避免台海危機的發生，將取決於台灣的自我防衛能力、堅強的對抗意志，與對台灣的國家認同上。台灣有能力牽連與控制中國大陸的安全利益及發展。尤其在自由民權、科技領域與金融市場等，均有能力指引大陸。依地理風水，中國大陸如傳說中的龍，台灣就是龍口前的「明珠」，故而可謂：「**領龍飛舞**」。

台灣其實要有當東方瑞士的準備，它位於美國、日本、中國三大強權的中心樞紐，是海權與陸權的衝突中心，是北方先進勢力與南方落後區的分界，唯有全球化與自由化，才能避免自己成爲火藥庫，或是海上的大水雷。但是台灣人心的淨化，心靈的改善，尚有一段路要走；若繼續沉淪下去，成黑道金權的故鄉，全島爲了追求不當財富與私利，此地恐怕會災禍連連，永無寧日。

當初，瑞士因爲有基督教改革家約翰加爾文等一貫的努力弘教，使瑞士國民的精神道德大大提升，到過瑞士的人士一定深刻感到其國民守法與公德心的水準讓人佩服！地靈與人心之善念起共鳴，雖位於三大強權（德、法、義）的夾縫中，於一

八二一年十一月二十日宣佈持續不變爲西方的永久中立國。其實瑞士人驍勇善戰，是有名出傭兵的國家，梵諦岡的衛兵傳統由瑞士人負責。要中立也要有自衛的武力，有讓敵人吃不消的反擊力，令瑞士達到今日人人稱羨的地位。台灣的人心，精神道德水準若能藉宗教之力量得到進步提升，**全民一心團結對外，有機會成爲全球之首富及自由和平民主之地區，祈大家共勉之。**

◎台灣地理爲經商佳地

地球上最大的陸地是歐亞大陸，世界上最大的海洋是太平洋。在歐亞大陸和太平洋的接觸點，有一排突出的海島群，稱爲「花彩列島」，北從庫頁島、延伸到菲律賓南端，這是大海洋和大陸地能量的交會處；台灣正處於花彩列島的正中央，是一個特別突起的島嶼。

從地球能量學而言，能量最強的地方，一定蹦得最高，像青康藏高原、喜馬拉雅山脈、帕米爾高原向東延伸的天山山脈、崑崙山脈、巴顏喀喇山都是世界最高能量的地方，也是修道人的嚮往處。這些地方的礦產、玉石、水晶、重金屬一定特別豐富，用來和高地能量取得均衡，才不致天崩地裂。所以高山雖然冷，氧氣不足，但巨大的山林，高能量的動物都活躍於此，顯然生命盎然。

台灣的中央山脈，是花彩列島中最高的山脈，玉山也是全東亞最高的山；因此，台灣的土地擁有非常驚人的能量，生命力豐沛，自古以來，便有仙島之稱，葡萄牙人稱之福爾摩沙－美麗之島，一般人稱爲寶島。住在這島上的人們，何等榮幸，有緣共同存活在這塊土地上。

台灣這塊地能量特別高，使在這裡生長的生物生命力特別強旺，種類繁多。由於高山叢林多，適合各種生態，來台尋找開墾居住的種族也特別多，發展著各種不同的文明；生活在這土地上的人活動力也特別強，工作勤奮，任勞任怨，和一般島嶼傾向懶散的生活方式，有很大的不同。加上在地理位置上，又在花彩列島正中央，從日本、中國大陸到南洋國家，呈等距狀態，是交通的樞紐位置，生命力又特別豐富強旺。

十七世紀以來，所有的海洋國家—荷蘭、西班牙、葡萄牙、英國，甚至日本的薩摩藩（九州），在台灣都設有根據地、建立貿易中心，祇有中國反而視此爲化外之地，不但官方完全不管這塊土地，還在福建南方實施海禁，禁止人們到台灣。當時，英國、西班牙、日本經營區域，以淡水河的海口爲主；荷蘭人則經營台灣南端的熱蘭遮城（台南安平）。

大部分南島民族被迫遷往山區，但仍有大多數混居海邊平原區和這些外來族群做生意，被稱爲平埔族。由日本海商轉成海盜集團的顏思齊，佔領了笨港，並在雲林一帶，經營一個半海盜半貿易的組織。日後，鄭芝龍接顏思齊的勢力，以他特有的商業頭腦，積極規劃讓台灣成爲日本、中國及南洋的貿易中心。由於中國的海禁政策趨嚴，加上歐洲海洋國家勢力快速膨脹，鄭芝龍祇好暫時棄商從政，歸順明皇朝，卻又逢滿清入主中國，使鄭芝龍想攀龍走捷徑的商業王國美夢破碎。

鄭成功入主台灣後建立明鄭政權，仍依鄭芝龍的規劃，積極經營台灣，也使台灣這塊土地第一次眞正由華人來統治，但當時大陸已由滿清政府佔領，所以台灣並不屬中國的版圖。明鄭對台灣的規劃，也一直是做生意的好地方。

滿清政府平滅明鄭後，將台灣列爲軍管區，不視爲領土，福建居民可以到台灣做生意，但不可攜帶眷屬，因爲這裡是化外之地。從康熙到光緒的二百年間，台灣他位未明，附屬福建軍管，直到以張之洞爲主的海洋派大臣，特別是劉銘傳和沈葆楨，看出台灣在未來海洋世紀的重要性，積極向朝廷建議，才將台灣正式列入中國領土，由劉銘傳出任第一任台灣巡撫。

由於台灣長年是做對外貿易的地方，所以一直有「台灣錢淹腳目」的說法，表示台灣遍地黃金，來這裡便可賺大錢，台灣也的確富裕，在劉銘傳任內，台灣成爲全中國第一個使用電力的地方。但六年後，台灣就割讓給日本了，也就是說在歷史上台灣正式列入中國領土，祇有這六年，以及一九四五年八月亞洲盟軍總司令下令台灣委由中國軍區代管，到一九四九年國府由大陸撤退到台灣前的四年。

之後，日本總督府對台灣的經營規劃，雖然做得更完整，但並不離鄭芝龍早年的路線。日本總督時代，台灣便曾創造過經濟奇蹟；由於台灣人對日本的武裝抗議

不斷，使總督認爲經營台灣至少要四十年才可能回本，但想不到在後藤新平的規劃和經營，十年不到台灣已經開始替日本賺不少錢，這段時間台灣幾乎是日本帝國最賺錢的部門。

國民黨政府來台時，並沒有專心的經營台灣，對蔣介石而言，台灣只是個踏板，眼中所看到的是反攻大陸，高壓軍事戒嚴，導致台灣的經濟一直低迷不振，造成所謂的「黑暗十年」（一九四五年～一九五五年前後）。

蔣家王朝藉由「經濟戒嚴」控制私人資本及給予恩賜，博得政治上的支持，且在政治上施行威權統治，讓台灣人忌諱從政（包括選舉、從事軍公教），台灣人的出路，除了出國「避難」，就只有專心於賺錢、養家活口，等待時空的轉變。形成民間的中小企業個個衹想急著賺錢，因此，孕育出台灣民間的經濟活力。利用低成本的土地和人力，爲外國廠商代工生產，技術研發和市場開發大多是被動的。此的確給我們數十年的好風景，這點還眞的要感謝中國大陸開放得慢，讓民間缺乏活力與我們競爭。

因而，相於於「經濟戒嚴」時期，老百姓才是當時經濟成長的主體，而不是執政者；泛藍政黨把功勞全歸給某些人，不止昧於事實，也是選擇性的失憶，忽略住在台灣這塊土地居住其上的人刻骨銘心之奮鬥歷史。

◎投資台灣‧根留台灣

有天、有地，才有人，所以老子說人法地、地法天、天法道、道法自然，對人類來講地比天重要。人是由這塊土地生出來的，食衣住行育樂、生命和生活全來自這塊土地的能量。

人能夠站立起來，除了腎臟的元氣，食物的宗氣，最重要的便是由腳底湧泉穴進入的土氣，這也是人類最主要的生命能量。爲什麼中醫學稱它爲湧泉穴？那部位既無泉又無水，而是土氣─土地的能量由此進入人的中樞神經，讓我們成爲能夠穩定站立的靈長類動物；衹要站在這塊土地的，不論是否關懷大地，大地之母的愛是無分無別，在於我們自己能吸收多少而已。

所有地球上的生物大多有根，動物也大多趴在地上，即使受傷或生病了，也會自己去找有土氣的藥草，或靜躺在土地上，讓地氣來治療、來復原牠的生命。湧泉穴便是人類的根，我們腳底湧泉穴導入的地氣進入人的身體，湧入巨大的生命能量，是人類的根，是人類和大地之母的結合點。最重要的是宇宙生命之源，大地的能量由我們腳底的湧泉穴進入，這些能量順著脊髓神經往上提升，由前庭神經系統傳入腦幹的中耳體系，直達頭頂的百會區，由此銜接宇宙大氣能量，使人類成爲一根導體，可以頂天立地。直立以後，大腦的血液下流，能量上升，氣和血的交流，促成人類腦細胞特別發達。

所以，人腳踏在這土地上，深呼吸，讓湧泉穴的能量進入中樞神經，直達百會穴，讓人身體眞正頂天立地，不但可以健康身體、生命、活力，更會讓大腦的學習力更好，和天地能量融合一起。知識無窮無盡，科技日新月異，用大腦死記活背實在有限；眞正學習，是讓身體充滿能量，完全做開，成爲一塊大磁鐵，學習的力量才會完全開起。**植根本土，立足台灣**，不是一句口號話；和我們所在的土地，完全在一起，能量互動，自然會發揮無比的魅力，無窮盡的力量，這是宇宙物理的眞相。

這幾年，不論政府或學者皆倡言「根留台灣」，但業界仍不斷前往大陸或其他國家投資，甚至有人不知何謂「根」？「根」在那裡？爲什麼要「根留台灣」？讓政府的美意論爲空談。

回顧過去三、四十年來，台灣人藉勤儉與苦幹，爲國家拚下了超過兩千億美元的外匯存底，創下了亞洲四小龍的美譽，建立以外銷爲導向的產業。然因，中國的崛起及加入WTO後廣大市場的誘惑，嚮往那似彩虹的美景，被磁吸的遷往中國。然而，問題是留在台灣的企業是否能夠繼續生存？是否還有盈餘及競爭力？如否，則「根留台灣」是否會變成一個口號？

首先談何謂「根」？「根」在那裡？根是生命之源，是生活之泉。植物的根是埋在地下，自泥土中吸收養分及水分，還用來支撐和固定地上主體部分者。根的所在，是植物的底部，也是其所盤固糾結的沃土。故泥土是否肥沃，關係著植物的生養，也關係著企業的生存。要使根留台灣，得問土地是否肥沃？市場是否存在？仍

然有利可圖乎？但若企業的下游都已外流，則根留台灣何益？

而企業的根，就是它謀生與興利的能力。這項能力在能製造或取得商品，再經由交易以創造盈利，也在於能深入市場、說服顧客以達成交易從而獲取盈利。台灣的企業在過去三、四十年來，已經培養出「以供給（製造）爲導向」的核心能力，這項能力，就是企業的根，自有其價値與地位，不能輕言拋棄。只是這項能力，之前只重產品或生產，卻忽略掉行銷，故傳統企業都只用心在成本管理和大量生產，從事OEM，未把心思放在經營上，也就是創造價値上，所以時至今日，還在爲根留台灣與否困擾。

爲何根留台灣？倘若我們問，就現有企業再發揚光大與白手起家何者較易成功？我們知道那無須答覆，因爲沒有人會放棄既有的基礎，辛苦地再去謀白手起家。同此道理，沒有企業會放棄辛苦建立的事業，離鄉背井，到達一個陌生的地方去無中生有，再創新事業，除非是爲事業擴張版圖。因此，根留台灣的目的，就在掌握那因長期製造經驗所累積的「生產、技術、財務與管理」等核心供應鏈能力。

放眼世界拓展未來。近幾年來，台灣的產業陸續發生金融風暴，有幾家企業近似倒閉，其中東隆五金是第一家。但是經過兩年之後，這家公司卻浴火重生，積欠銀行債務達六十二億元新台幣竟能一次歸還三分之一。東隆五金之所以能夠起死回生，就在於他們擁有根深柢固的核心能力，這項能力包括製鎖的特殊技術、模具設計創新力與金屬加工技術等，它們讓東隆五金的產品暢銷世界並且獲取高額利潤。

二〇〇三年十月陳水扁總統蒞臨「世界台商聯合總會年會」與「國際招商大會」開幕典禮，在致詞時指出，政府爲提升台灣競爭力、加強引進外資、創造就業及促進經貿合作，特別以「投資台灣、佈局全球」爲宗旨，希望邀請不同產業的外商與台商參與，促成更多的的外來投資或技術合作。總統提出三點與台商共勉：

第一、爲什麼有台商？是因爲有台灣，若沒有台灣就沒有台商，所以台灣是我們的根，台灣是我們的母親，台灣愈康壯，台商就愈有機會、愈有希望，所以台商領袖、朋友一定要全力支持政府、支持台灣，讓台灣能夠在國際舞台立足，讓台灣國家的尊嚴能夠愈完整、愈正常，如此台商就愈有機會賺大錢。

第二、台灣新的經濟戰略是「深耕台灣、佈局全球」，另外有「投資優先、經濟優先、台灣優先、投資台灣優先」四大優先，在這兩大原則之下，希望台商將根放在台灣、將心放在台灣、將核心放在台灣、基地放在台灣、研發中心放在台灣，全世界、全亞洲、全中國大陸都是我們最好的據點，我們要賺遍全世界的錢、全亞洲的錢、全中國大陸的錢，然後匯回台灣，優先投資台灣。

第三、華僑是革命之母，而台僑是民主改革之父。我們拚經濟，一方面也要大改革，大改革包括教育改革、金融改革、司法改革以及憲政改革，有許多事需要台商領袖、朋友一起幫忙，從威權走向民主的民主改革、憲政改革需要大家一起來催生。

陳總統表示，他過去曾一再提到，「台灣要站起來，要走出去」；而事實上，走在最前面的就是台商領袖，朋友們！總統期待全球的台商朋友都能與政府心手相連，一起再造台灣的經濟奇蹟。

◎投資台灣．當運時機

台灣的首府台北市，地理位置爲東經121度6、北緯24度9，即歸妹的位置。若以易經圓圖六十四卦以八宮分野，經緯而成一周天，此即是台北市在地球上所佔的位置（本書篇幅有限，此部份詳載筆者之《陽宅—樓宇寶鑑》乙書），歸妹卦則同時包含著空間和時間，有天運地理妙合而凝聚的效果。

依卦中之陰陽五行以及象數，推算旺衰及吉凶禍福。歸妹䷵爲三陰三陽之江東卦人元龍，五行爲八屬木，卦運即屬七運，下元天運斗杓在六白乾卦，乾卦五行爲九、屬金，卦運屬六運，依天心斗杓的五行及運數論之，歸妹卦自六運起皆是正值旺運時間，所以台灣從下元六運(一九六四年)開始，即進入旺運，時空交會，人民勤奮，創造了經濟奇蹟。

台灣電子資訊業者競爭力十足，使得全球資訊業由過去「亞洲四小龍」的時代，演變成「台灣獨霸」的局面。HP亞太採購辦事處總經理簫國坤於二〇〇三年十月中

表示：「台灣遍地黃金，現在不投資，以後就後悔」。外商駐台採購辦事處（IPO）早在三十年前即存在，當時主要是美國百貨公司在台採購各式用品，隨著台灣經濟發展，歐美資訊大廠也開始來台設立採購辦事處，採購項目並轉爲電子資訊產品，金額也持續擴大，二〇〇三年在台採購金額將達四百八十億美元。台灣電子資訊業者除了成爲外商OEM、ODM代工夥伴，更是全球供應鏈中不可或缺的一環。

摩根士丹利全球總裁兼首席營運長史考特（Robert Scott）表示：台灣於二〇〇二年初加入世界貿易組織後，即開始邁向全球化，島內金融改革速度讓他印象深刻。又台灣政府取消專業外國投資機構（QFII）制度等政策面鬆綁，將使國際資金加速流向台灣，有助於台灣長期經濟發展，並較南韓等亞太區國家取得更利有的戰鬥位置。

台灣要創造第二次經濟奇蹟，應儘速完成產業轉型，重點應放在知識經濟及高附加價值的服務業，可提高製造業附加價值。而值得推動發展的服務業領域很廣，包括人力資源、醫療照護、資訊科技及文化創意。現今，服務業應給予新的定義，例如統一企業不只是食品產業，也是服務業龍頭，兩者界線漸模糊，現在應將焦點放在服務業，並與製造業整合。

台灣擁有多項競爭優勢，包括製造業累積的經驗、積極創業精神、廣大的產業網路及豐富的管理、營運經驗等。台灣並將面對三大機會，包括策略聯盟機會，外商可與台商合作進入亞洲市場，進行全球供應鏈處理；研發各種附加價值及知識爲基礎的服務產業，滿足亞洲市場需求等。

台灣過去是靠製造業起家，現在已進入另一個層次，必須提升附加價值，但絕非放棄製造業，而是在既有的製造業基礎上，尋找有附加價值的契機。台灣應以產業爲主軸的經濟型態，調整爲以服務業爲主的經濟型態，方能迎接邁向全球化後的種種挑戰。製造業占國內生產毛額的比重從過去的35%降至15%，可看出服務業愈來愈重要，但這並不代表製造業不重要，未來仍須靠製造業創造財富，但須提高製造業的附加價值。

台積電董事長張忠謀表示：「台灣也許英文不如香港、新加坡，但中文（北京

話）絕對講得比他們好。」在中國市場興起的時代，中文能力已成爲台灣吸引外資的人才優勢。舉例來說，如果外商來台投資，希望以此爲跳板進軍中國市場，台灣人才除了擁有製造、管理及低缺席率，而且勤奮工作，相當樂在工作，非常努力等優勢外，良好的中文講通能力，是另一大優勢。他說：「中文的重要性已經不亞於英文。中國是一個新興市場，語言問題是一個關鍵，台灣人的中文確實比香港、新加坡等華人地區來得好，這是一項優勢。」世界廠商可以在台灣設立亞洲營運中心，作爲進軍大中華市場的跳板。

台灣另一最大的優勢就是人才，台灣在各個領域都有一流的人才，這些人才就是台灣最大的競爭力，未來透過人才的持續培訓及國外引進，加以傳承，再加上原有的優秀人才，將可繼續帶動台灣成長。

依三元九運，台灣的旺運時間自六運（一九六四年）至九運（二〇四三年），想賺錢的企業人士，應掌握當下時機，投資台灣，立足台灣，運籌帷幄，笑傲全球。

國家圖書館出版品預行編目資料

投資台灣，笑傲全球／愷特著.
－－第一版－－ 台北市： 宇河文化出版；
紅螞蟻圖書發行，2004〔民 93〕
面　　公分，－－(Discover；10)
ISBN 957-659-434-0 (平裝)

1.論叢與雜著
078　　　　93006519

Discover 10
投資台灣，笑傲全球
作　　者／愷　特
發 行 人／賴秀珍
榮譽總監／張錦基
總 編 輯／何南輝
文字編輯／林宜潔.陳心彤
美術編輯／林美琪
出　　版／宇河文化出版有限公司
發　　行／紅螞蟻圖書有限公司
地　　址／台北市內湖區舊宗路二段 121 巷 28 號 4F
郵撥帳號／ 1604621-1　紅螞蟻圖書有限公司
電　　話／(02)2795-3656（代表號）
傳　　眞／(02)2795-4100
登 記 證／局版北市業字第 1446 號
印 刷 廠／鴻運彩色印刷有限公司
電　　話／(02)2985-8985 ・ 2989-5345
出版日期／ 2003 年 5 月　第一版第一刷

定價 280 元

ISBN 957-659-434-0　　Printed in Taiwan